高职高专思想政治理论课『十三五』规划数字化辅助教材

新时代 新征程 新形势

——2018年形势与政策宣讲读本

主　编　张大能　黄　诚　戴　黎

副主编　张　冀　辜良军　漆晓玲　黄飞燕　张茂玻　徐志红

编　委（以姓氏拼音为序）

蔡小丽　范华亮　李　波　李　霓

卢　伟　王坤容　杨　玲　张　丹

西南交通大学出版社

·成都·

图书在版编目（C I P）数据

新时代　新征程　新形势：2018 年形势与政策宣讲读本 / 张大能，黄诚，戴黎主编. —成都：西南交通大学出版社，2018.9

高职高专思想政治理论课“十三五”规划数字化辅助教材

ISBN 978-7-5643-6434-2

Ⅰ. ①新…　Ⅱ. ①张…　②黄…　③戴…　Ⅲ. ①时事政策教育－高等职业教育－教材　Ⅳ. ①G641.4

中国版本图书馆 CIP 数据核字（2018）第 211687 号

高职高专思想政治理论课“十三五”规划数字化辅助教材

Xinshidai Xinzhengcheng Xinxingshi

新时代　新征程　新形势

——2018 年形势与政策宣讲读本

主编　张大能　黄　诚　戴　黎

策划编辑　郭发仔
责任编辑　杨岳峰
封面设计　墨创文化

出版发行　西南交通大学出版社
（四川省成都市二环路北一段 111 号
西南交通大学创新大厦 21 楼）
邮政编码　610031
发行部电话　028-87600564　028-87600533
官网　http://www.xnjdcbs.com
印刷　四川森林印务有限责任公司

成品尺寸　185 mm × 260 mm
印张　9.5
字数　224 千
版次　2018 年 9 月第 1 版
印次　2018 年 9 月第 1 次
定价　28.00 元
书号　ISBN 978-7-5643-6434-2

课件咨询电话：028-87600533
图书如有印装质量问题　本社负责退换

高职高专思想政治理论课"十三五"规划
数字化辅助教材编委会

总　序

高校思想政治工作关系高校培养什么样的人、如何培养人以及为谁培养人这个根本问题。高校思想政治理论课教学工作是高校思想政治工作的主渠道，要用好思想政治理论课堂教学这个主渠道，就要坚持在改进中加强，提升思想政治教育的亲和力和针对性，使思想政治理论课教学形式多样化，充分满足学生成长发展的需求和期待。党的十九大报告在"坚定文化自信，推动社会主义文化繁荣兴盛"中也再次提及"加强和改进思想政治工作"。习近平总书记在全国高校思想政治工作会议上的讲话中指出："思想政治工作从根本上说是做人的工作，必须围绕学生、关照学生、服务学生，不断提高学生思想水平、政治觉悟、道德品质、文化素养，让学生成为德才兼备、全面发展的人才。"

高职高专思想政治教育工作是高校思想政治工作重要组成部分，必须结合高职高专的特点，探索多样化的教学形式，共建共享有针对性的教学资源和载体，真正实现思想政治教育"因事而化、因时而进、因势而新"，不断提高思想政治教育质量和水平。针对高职高专思想政治理论课教学的特点，为了更好地增强高职高专院校思想政治理论课的吸引力和教学效果，充分满足高职高专大学生对思想政治教育理论课的现实需求和热切期待，我们组织部分高职高专院校长期从事思想政治教育理论研究和教学工作的专家、一线教育工作者，依据"马工程"统编教材《毛泽东思想和中国特色社会主义理论体系概论》《思想道德修养与法律基础》以及《高校"形势与政策"课教学要点》，编写了这套"高职高专思想政治理论课'十三五'规划数字化辅助教材"。

经过一年多的酝酿和多次会议研讨，通过专家和教育工作者对编写大纲的斟酌审定，以及编写人员的辛勤付出，这套辅助教材（具体包括《〈思想道德修养与法律基础〉导学与实践》《〈毛泽东思想和中国特色社会主义理论体系概论〉导学与实践》《新时代　新征程　新形势——2018 年形势与政策宣讲读本》）最终得以定稿并交付出版，充分体现了团队水平和集体智慧，以及思想政治理论教育工作者不忘初心、牢记使命的责任感。本系列辅助教材实用性强，时代感突出，具有以下几个显著特点。

（1）高举中国特色社会主义伟大旗帜，以马克思列宁主义、毛泽东思想、邓小平理论、"三个代表"重要思想、科学发展观和习近平新时代中国特色社会主义思想为指导，及时、准确、深入、全面推动习近平新时代中国特色社会主义思想进教材、进课堂、进学生头脑，引导大学生树立正确的世界观、人生观、价值观，不断提高大学生对思想政治理论课的获得感。

（2）融入高职高专思想政治理论课教学的“互联网 +”思维，凸显新媒体教学优势。本系列辅助教材弱化对理论问题的垂直深挖，重在拓展理论认识的横向厚度，在引导学生领悟基本理论的同时，多维度、多视角地观察和思考相关理论问题，理性看待各种社会现象，准确分辨各种争议问题。为此，本系列辅助教材中利用二维码链接了诸多案例阅读材料、红色教育视频资源等。大学生在课余可以利用手机媒介随时随地下载相关资源进行阅读和思考。

（3）加强理论导学与实践教学环节，注重师生互动、学用结合。教材中设置了很多师生问答教学环节，便于活跃课堂教学气氛，增强大学生的课堂主体意识；根据理论知识点的难易程度和大学生在思想政治理论学习中普遍存在的困惑等，教材中设置了练习题或思考题供大学生巩固、深化理论学习效果；根据大学生的理论学习需求和现实需要，每个专题之后还有针对性地列明了阅读书目，以充分满足当代大学生的求知欲望。

（4）丰富思想政治理论课教学资源，增加思想政治理论课教学载体和形式，促进思想政治教育工作者之间的交流。为了促进同水平、同梯次高职高专院校思想政治教育工作者之间的交流和合作，增强院校之间的互动和互通，本系列辅助教材在相应的知识节点和时间节点设置了期中和期末大学生思想政治理论水平考查试题库及参考答案，供大学生复习巩固、自我检测，也便于院校之间互相促进、互相提高。同时，为了便于教学，本系列辅助教材都配备了参考性的 PPT 教学课件。

本系列辅助教材是高职高专教师对思想政治理论课教学工作思考的阶段性成果，也是高职高专思想政治理论课一线教师集体智慧的大融合。真心感谢全体参与教师的辛勤劳动，感谢西南交通大学出版社的大力支持，希望大家在使用过程中提出宝贵意见和建议，以便我们修订时改进和完善。

编写组

2018 年 6 月

前 言

2018 年 4 月，《教育部关于加强新时代高校“形势与政策”课建设的若干意见》（教社科〔2018〕1 号）正式颁布。其中明确指出：“‘形势与政策’课是理论武装时效性、释疑解惑针对性、教育引导综合性都很强的一门高校思想政治理论课，是帮助大学生正确认识新时代国内外形势，深刻领会党的十八大以来党和国家事业取得的历史性成就、发生的历史性变革、面临的历史性机遇和挑战的核心课程，是第一时间推动党的理论创新成果进教材进课堂进学生头脑，引导大学生准确理解党的基本理论、基本路线、基本方略的重要渠道。”为了更好地贯彻落实《教育部关于加强新时代高校“形势与政策”课建设的若干意见》精神，进一步加强和改进新时代高校“形势与政策”课建设，我们组织了部分高校“形势与政策”课教师编写了这本《新时代　新征程　新形势——2018 年形势与政策宣讲读本》。

本书由张大能、黄诚、戴黎共同拟定专题并统稿，最后由张大能定稿。张冀、漆晓玲、黄飞燕、李霓、辜良军参与了本书专题讨论并做了修改稿件的部分工作。参加编写的人员依次为：前言，黄诚；绪论，成都纺织高等专科学校张大能；专题一，成都纺织高等专科学校漆晓玲；专题二，成都纺织高等专科学校黄飞燕；专题三，成都职业技术学院张冀；专题四，四川水利职业技术学院卢伟；专题五，四川工商职业技术学院辜良军；专题六，雅安职业技术学院李霓、张丹；专题七，雅安职业技术学院王坤容；专题八，四川商务职业学院杨玲；专题九，四川工商职业技术学院蔡小丽；专题十，成都纺织高等专科学校戴黎；专题十一，四川水利职业技术学院李波；专题十二，成都职业技术学院范华亮；专题十三，四川商务职业学院张茂玻。

在本书的编写过程中，我们始终怀着强烈的责任感，在确保基本功能定位的前提下，以教育部高等学校思想政治理论课教学指导委员会印发的《2018 年上半年高校“形势与政策”教育教学要点》为依据，紧紧围绕中央有关文件精神，及时把握国内外经济、社会发展的形势与热点，紧密结合新时代大学生的知识水平及个性特点，兼顾当前高校思想政治理论课其他课程所涉及的知识内容体系，力求内容的科学性、时效性、生动性，以让大学生了解世情、纵观国情、贴近社情为基本特色，为大学生学习知识、增强能力、提升素质、与时俱进、实现个人全面发展，提供丰富的精神食粮。

本书内容包含绪论和十三个专题。绪论部分介绍了“形势与政策”是怎样的一门课程，以及该课程的学习方法和学习该课程对大学生的意义；十三个专题涵盖了当前的经济、政治、文化、社会、生态文明、党和国家重要会议、军队建设、大国外交、党的建设等相关社会热点的内容。我们还结合四川实际，把学习中国共产党四川省第十一次代表大会精神作为一个专题，这样更有利于学生了解四川省情，增强了读本的本土气息。本书还选配了图片图表、权威声音及以二维码形式呈现的知识链接、拓展阅读等辅助栏目，以便广大师生更好地讲解或掌握相关知识点。本书内容丰富翔实，时代性、针对性、可读性强，既适合高校教师作为教材使用，也适合学生自学和课外阅读。

在本书编写过程中，我们参考了许多专家、学者编写的相关文献资料，同时也查阅了网络资料和相关书籍的有关内容。但是，由于编者水平有限，书中难免有不当之处，还需要我们根据客观形势的变化进一步完善相关论述，我们将在今后的研究中继续开展此项工作，以不断取得更加令人满意的成果。

黄 诚

2018 年 6 月

目 录

绪论　认清形势　把握政策

专题一　决胜全面小康　夺取新时代伟大胜利
——党的十九大精神解读

专题二　奋进新时代　筑梦新征程
——深入学习贯彻 2018 年全国“两会”精神

专题三　峥嵘岁月　继往开来
——开启中国人民解放军强军兴军新征程

专题四　增速换挡　稳中求进
——中国经济转向高质量发展

专题五　行法治之道　全面推进依法治国
——努力建设中国特色社会主义法治体系

专题六　溯民族精神之源　辟民族复兴之路
——大力弘扬中华优秀传统文化

专题七　全面从严治党，筑牢执政之基
——奋力推进党的建设伟大工程

专题八　守住绿水青山　建设美丽中国
——党的十八大以来生态文明建设综述

绪论
认清形势　把握政策

《中共中央宣传部、教育部关于进一步加强高等学校学生形势与政策教育的通知》(教社政〔2004〕13号)中指出，形势与政策教育是高等学校学生思想政治教育的重要内容。"形势与政策"课是高校思想政治理论课的重要组成部分，是对学生进行形势与政策教育的主渠道、主阵地，是每个学生的必修课程，在大学生思想政治教育工作中担负着重要使命，具有不可替代的重要作用。2018年4月，新颁布的《教育部关于加强新时代高校"形势与政策"课建设的若干意见》(教社科〔2018〕1号)更加明确地指出："'形势与政策'课是理论武装时效性、释疑解惑针对性、教育引导综合性都很强的一门高校思想政治理论课，是帮助大学生正确认识新时代国内外形势，深刻领会党的十八大以来党和国家事业取得的历史性成就、发生的历史性变革、面临的历史性机遇和挑战的核心课程，是第一时间推动党的理论创新成果进教材进课堂进学生头脑，引导大学生准确理解党的基本理论、基本路线、基本方略的重要渠道。"

在大学生中进行形势与政策教育，有利于大学生全面、准确地了解世情、国情、党情和民情，从而加深对社会主义事业的热爱，增进爱国主义情怀的培养，同时也有利于大学生形成正确的世界观、人生观和价值观。

"形势与政策"课程由形势与政策两部分内容组成。其中，形势是指国内国际社会政治、经济、文化等发展的状况和态势，政策是指党和国家为实现一定时期的目标和任务而制定的行为准则。政策的制定要以国内外形势的发展为依据，而形势的发展必然会导致政策的相应调整。因此，这两部分的教育活动是紧密相连的。

"形势与政策"课程的开设，有利于大学生全面认识国际国内形势的变化，从而调动学生了解形势与政策的自觉性和主动性，培养学生独立思考、辩证看待时政问题的能力。对大学生进行形势与政策的教育是系统的、渐进的、具有鲜明时代特色的工作，其最终目的是培养大学生科学认识、准确判断形势的能力，培养大学生正确的时局观，树立正确的形势认知观。

一、形势与政策概述

(一)形势与政策的概念

简单地说，形势就是事物发展的形态和趋势，政策就是政党或国家为实现一定的任务而制定的行为准则，是一系列谋略、法令、措施、办法、方法、条例等的总称。在一定条件下，人们根据对形势的了解、分析和判断，可以发挥主观能动性，人为地改变某些影响因素，或充分利用某些客观条件，采取一些干预措施，从而主动地控制或改变形势的发展方向，促进事物向符合人们主观愿望的方向发展。

1. 形势的内涵

形势是指客观事物发展的基本状况和趋势，是客观事物在诸种矛盾运动过程中所呈现出来的一种态势。任何客观事物都会受其内在影响因素和外在影响因素制约，形势就是事物诸多内在因素、外在因素的综合反映。形势的产生和事物总体发展趋势是不以人的意志为转移的，人们的思想或行为可以在一定时期、一定程度上对形势产生影响，但形势由简单到复杂、由低级到高级发展的客观规律性是无法改变的。由于影响形势形成的各种因素相互联系，所以各种形势也是紧密联系、彼此影响的。同时，随着影响因素在不同时期的变化，形势会发生相应的变化，并呈现出不同的表现形式。因此，形势体现出鲜明的关联性、复杂性和阶段性。

不同时间、空间和内容会形成不同类型的形势。如在时间上，可分为过去（某个节点或时期）形势、当前形势和未来形势；在空间上，可分为国际形势、国内形势和地区形势等；在内容上，可分为经济形势、政治形势、文化形势等。如同人的价值观念中必定有一种起核心主导地位的价值观念一样，在各方面形势中同样有一种起主导作用的形势决定着全局的形势，这是因为事物存在着主要矛盾和次要矛盾。因此，形势还可以分为主要形势和一般形势。

人们应用一定的思想方法，在对形势进行科学分析并做出一定的事实判断和价值判断的过程中形成的基本观点、原则和方法（即关于分析形势的思想观点的总称），就是形势观。全面而准确地观察、分析、把握形势，其实质是认识世界的过程，而这个过程有利于人们在变化多端的形势下保持清醒的头脑，在更宽广的领域了解现实，正确分析、判断形势及其规律，把握时代、把握机遇，因势利导、预见未来，从而主动地控制或改变形势的发展方向和程度，促进事物向符合某种主观愿望的方向发展。

2. 政策的内涵

中国共产党对国家的领导，主要是路线、方针、政策上的领导，政策正确与否直接关系着中国特色社会主义事业的兴衰成败。

政策是国家机关、政党及其他社会团体在特定时期为实现或服务于一定社会政治、经济、文化目标所采取的政治行为或规定的行为准则，它是一系列谋略、法令、措施、办法、方法、条例等的总称。

在阶级社会中，政策只代表特定阶级的利益，从来不代表全体社会成员的利益、不反映所有人的意志。中国共产党作为中国特色社会主义事业的领导核心，代表中国最广大人民的根本利益，解决民众最关心的公共问题，这是政策阶级性和公共性的重要体现。任何政策哪怕在同一时期、范围内，针对不同受众，都有正确与错误之分，但政策一旦被制定和执行，对全社会来说，便成为一种有约束力的行为准则和行为规范，除非经过法定程序修订后方能改变，这也体现了政策的权威性、原则性与灵活性。在一定的时段、历史和国情条件下，政策才能发挥相应的作用，这也体现了政策的时效性。政策属于上层

建筑范畴，建立在不同经济基础之上的政策，在各自存在和活动的领域内具有相对的稳定性。正是这种稳定性使社会经济能够持续发展，社会政治能够健康发展，社会文化能够繁荣发展。

政策的实质是统治阶级利益和意志的反映，含有统治、治理、管理国家一切行为的谋略或策略的意思，它以权威形式规定在一定的历史时期内应该达到的奋斗目标、遵循的行动原则、完成的明确任务、实行的工作方式、采取的一般步骤和具体措施。国家作为阶级统治的工具，其维护统治所具有的政治和经济双重性职能，决定了政策的最终目的是解决社会利益分配的问题，服务社会经济的发展。

政策制定者根据某一客观形势和发展目标的需要，结合性质各异、错综复杂的社会关系，利用国家管理的手段、思想意识，促进公众对政策的认同，规范人们的行为准则，对社会中人们的行为或事物的发展起到制约或促进作用，协调各种利益关系，保证整个社会生活和谐进行，引导人们的行为或事业朝着期望的方向发展。在这一过程中，政策体现出了鲜明的导向、控制和协调等功能。

（二）形势与政策的关系

形势与政策互为因果，同时又相互影响制约。明确两者之间的关系，有利于深入分析、掌握和判断形势，科学、有效地制定政策，贯彻落实政策精神，对事件和问题的处理也有积极的促进作用。

从存在与认识的角度分析，形势与政策分属于不同的范围。形势属于存在领域，具有客观性；政策属于认识领域，具有主观性。形势与政策之间存在十分密切的联系，这种联系主要表现为形势对政策的决定作用与政策对形势的反作用。

1. 形势对政策的决定作用

形势是科学制定政策的依据。列宁指出："实际的政治形势就是如此，我们首先应该力求尽量客观、准确地判明这一形势，以便把马克思主义的策略建立在它应当依据的唯一牢固的基础上，即建立在事实的基础上。"制定政策，从客观存在的实际情况出发，还是从主观臆断出发，反映了两种对立的世界观和方法论，前者是唯物主义的，后者是唯心主义的。要科学地制定有效的政策，必须遵循唯物主义的要求，从客观存在的形势出发来考虑问题和制定政策，只有如此，才有可能制定正确的政策；反之，则可能制定出错误的即不会产生任何积极作用的政策。需要指出的是，形势对政策的影响作用，不是一种自发的直接的作用过程，而是必须经过人这一中介来实现的。正因为如此，人对形势的认识和判断对政策的制定具有重大的意义。

形势是检验政策的客观尺度。一项政策是否科学有效，仅凭人的主观判断是很难确证的，只有通过实践进行检验。形势作为一种客观的存在，最能反映政策的实际效果，正确的政策一般总是能够促进形势朝着政策追求的方向发展；反之则可能使形势的发展背离政策所追求的发展方向。从这种意义上说，形势完全可以成为检验政策的一种客观尺度。

2. 政策对形势的反作用

依据唯物辩证法关于思维与存在的关系原理，人的认识不仅受客观存在的影响和制

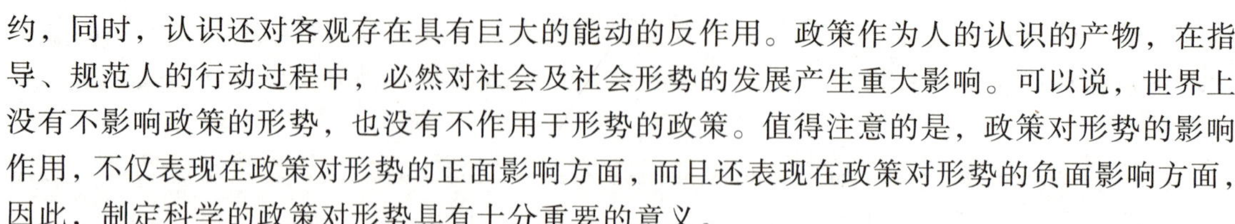

约，同时，认识还对客观存在具有巨大的能动的反作用。政策作为人的认识的产物，在指导、规范人的行动过程中，必然对社会及社会形势的发展产生重大影响。可以说，世界上没有不影响政策的形势，也没有不作用于形势的政策。值得注意的是，政策对形势的影响作用，不仅表现在政策对形势的正面影响方面，而且还表现在政策对形势的负面影响方面，因此，制定科学的政策对形势具有十分重要的意义。

二、形势与政策课的内容及学习方法

（一）形势与政策课的内容

《中共中央宣传部、教育部关于进一步加强高等学校学生形势与政策教育的通知》指出："当前和今后一个时期，要着重进行党的基本理论、基本路线、基本纲领和基本经验教育；进行我国改革开放和社会主义现代化建设的形势、任务和发展成就教育；进行党和国家重大方针政策、重大活动和重大改革措施教育；进行当前国际形势与国际关系的状况、发展趋势和我国的对外政策、世界重大事件及我国政府的原则立场教育；进行马克思主义形势观、政策观教育。"2018年颁发的《教育部关于加强新时代高校"形势与政策"课建设的若干意见》也指出，要紧密围绕学习贯彻习近平新时代中国特色社会主义思想，把坚定"四个自信"贯穿教学全过程，重点讲授党的理论创新最新成果，重点讲授新时代坚持和发展中国特色社会主义的生动实践，引导学生正确认识世界和中国发展大势，正确认识中国特色和国际比较，正确认识时代责任和历史使命，正确认识远大抱负和脚踏实地。要开设好全面从严治党形势与政策的专题，重点讲授党的政治建设、思想建设、组织建设、作风建设、纪律建设以及贯穿其中的制度建设的新举措新成效；开设好我国经济社会发展形势与政策的专题，重点讲授党中央关于经济建设、政治建设、文化建设、社会建设、生态文明建设的新决策新部署；开设好港澳台工作形势与政策的专题，重点讲授坚持"一国两制"、推进祖国统一的新进展新局面；开设好国际形势与政策专题，重点讲授中国坚持和平发展道路、推动构建人类命运共同体的新理念新贡献。因此，综合起来，高校形势与政策教育内容主要有以下四个部分：

1. 基本理论

基本理论即马克思主义的形势观和方法论。马克思列宁主义、毛泽东思想、邓小平理论、"三个代表"重要思想、科学发展观和习近平新时代中国特色社会主义思想，党和国家重要会议的重要决议与纲领性文件，党的路线、方针和政策的重要内容等，都是基本理论的重要组成部分。

2. 基本形势与政策

形势与政策是变化的，但在一定时期内，形势发展与政策调整有其规律性和必然性。如当代世界政治经济格局及总体发展趋势，国际关系的基本走向及我国政府的外交原则立场和政策，我国的基本国情、国力和国策，国内改革开放的总趋势等。这些内容在相当长的时期内是相对稳定的，其发展变化具有规律性和必然性，可以构成形势与政策课程的基本框架。

3. 当前形势与政策

国际国内形势的新变化、新发展是形势与政策课教学的主要内容，也是大学生十分关注的部分。如国际社会发生的重大事件及发展变化趋势、国内政治经济形势的新变化、党和政府的重要会议精神以及重大改革发展举措，如全面从严治党等都是对大学生进行政策教育的重要内容，一个行业的现状、发展趋势及经济地位也会受到相关专业学生的关注。

4. 热点问题

形势发展变化是必然性和偶然性的统一。有时形势受偶然因素影响突然发生较大变化，引起人们广泛关注，这类问题被称为热点问题。这一部分内容虽然也遵循形势发展变化大趋势和总的变化规律，但由于其突发性和结果的不确定性，在一段时期内会引起社会关注。

（二）形势与政策课程的学习方法

形势与政策课程是一门综合性、实践性、针对性、科学性、应用性都很强的思想政治教育课程。一方面，对其相对稳定的内容和有关理论，要集中时间，进行较为系统的学习；另一方面，还要根据形势发展的需要和这门课程的自身特点，结合自己的思想实际，采取正确的灵活多样的学习方法和途径。

1. 把握重要性，领会政策性，追求合理性

把握重要性，是指在当年的形势与政策范围内，对国际国内发生事件的重点把握。国内外发生的重大事件大多纷乱复杂，大学生要想在短时间内取得好的学习效果，不可能也没必要全面出击，而应该把握重点。实际上，每年国内的形势与政策都有一条主线，就是党的方针政策；而对于国际上的形势与政策，需要注意一些与中国有关的重大国际问题。领会政策性，是指形势与政策的重点内容和范围主要是党和国家的方针政策。追求合理性，是指如何运用所学知识将这些重大的政策性问题进行梳理、分解并能够举一反三，并能用它来分析、理解和解决现实中的问题。

2. 自觉学习马克思主义基本理论和党的最新理论

马克思主义是科学的世界观和方法论，是指导中国革命胜利的重要思想武器，也是我们立党立国的根本指导思想。从马克思列宁主义、毛泽东思想、邓小平理论、“三个代表”重要思想、科学发展观到习近平新时代中国特色社会主义思想，都是马克思主义的基本原理与当代中国实际相结合的产物。因此，要深刻了解党和国家的方针政策，大学生必须认真学习马克思主义的基本理论和党的最新理论，自觉地运用马克思主义的立场、观点、方法，分析、理解和解决现实中的问题。同时，学习形势与政策课程，认清形势、理解政策需要多种知识的综合运用，需要对大量的信息进行分析处理。因此，还必须努力学好各种科学文化知识，拓宽知识面，打好基础，把对形势与政策的学习，建立在广博深厚的科学知识基础上；必须随时关心时事政治，注意收集和掌握大量、准确的事实材料，把对形势与政策的学习建立在大量丰富翔实的客观材料基础之上。

3. 参加社会实践，坚持理论联系实际

大学生在学习形势与政策课程的过程中，往往会对形势与政策问题产生某些彷徨和疑惑，这是可以理解的。解决这些彷徨和解开疑惑的最好方法，就是积极参加社会实践，进行必要的社会调查。在社会实践和社会调查中了解国情，体察民意，认识社会，反省自身。此外，学习形势与政策课程，还要坚持理论联系实际，只有坚持马克思主义理论和党的最新理论的指导，才能正确理解党和政府的各项方针政策。

4. 积极参加多种形式的课外学习

形势与政策这门课程的特点，决定了在学习过程中不宜采取完全单一的课堂讲授形式，而应当在课堂系统学习的基础上，辅之以各种课外学习活动，如积极主动地参加与形势和政策有关的多种形式、多种途径的活动，如专题报告会、宣讲会，阅读报纸、杂志，收听广播，观看电视，民主讨论，参观访问等；还可以就课内外的学习内容，做读书笔记、写学习心得体会等。这样，就能不断提高正确分析形势和深刻理解政策的能力，使这门课程的学习取得事半功倍的效果。

三、大学生学习形势与政策课程的重要意义

形势是制定政策的依据，政策会影响形势的发展，形势与政策教育要紧跟社会现实和学生思想实际，既对当前形势与政策以及重大事件进行理论阐述，又针对学生的思想实际问题进行指导。了解和掌握形势与政策对大学生的发展具有重要意义，可以帮助学生正确分析认识党和国家面临的政治、经济形势以及现实中存在的问题，增强学生辨别是非的能力，引导学生正确认识社会热点和难点问题，巩固马克思主义在意识形态领域中的指导地位。古有“识时务者为俊杰”，今应为“适时务者为俊杰”。社会历史的大发展决定了个人发展的最大环境、最大上限，制约着个人的可选择度，决定着大学生成功的概率，影响很具体，也很深远。作为一名大学生，深刻、全面地了解国内外形势是非常必要的。一是部分大学生对国内外形势知之甚少；二是大学生可以根据形势与政策的变化及时调整自己，以适应社会变化对人才的需求。因此，大学生学会正确认识和把握形势与政策，对自身具有重大意义。

1. 有助于大学生明确自身历史使命

和平与发展是当今时代的主题，世界多极化进程不可逆转，经济全球化趋势日益增强，高科技领域竞争日趋激烈……形势与政策课程是一个很好的学习窗口，它不仅可以帮助学生了解国内外大事，认识和把握当前形势，还可以坚定大学生走中国特色社会主义道路的理想信念，从而激发学生的爱国主义精神，使学生能够在形势与政策的学习中树立正确的思想，形成正确的形势观和政策观。让大学生认清当今时代的特征是形势与政策教育的基础内容，只有掌握时代特征，才能树立正确的人生目标。如果不了解国内外政治、经济、意识形态的历史、现状和发展趋势，就无法了解时代需要什么、国家需要什么、人民需要

什么。只有懂得制定和实施政策的基础知识，了解党和国家现行的路线、方针、政策以及它们的生命力，才能更为深刻地理解和切实地担当起时代责任。未来属于青年一代，当代大学生承担着全面建设小康社会，不断推进中国特色社会主义事业，实现国家富强、民族振兴、人民富裕和幸福等重要的历史使命。形势与政策教育有助于大学生认清当前国际、国内形势，使大学生明确自身历史使命，立志成才，不辜负时代的重托。

2. 有助于培养大学生解决实际问题的能力

形势与政策课的本质任务是教育大学生学会掌握和运用科学的方法、矛盾的观点、联系的观点、发展的观点和全面的观点来观察形势、分析问题，透过纷繁复杂的表象看其内在本质；教育学生全面准确地了解党在制定路线、方针、政策时所依据的马克思主义基本原理和方法论原则，从而提高自己理解政策的水平和政治觉悟，自觉地和党中央在政治上思想上行动上保持一致。实现这样的教学目标，不是靠简单的说教，而是着眼于提高大学生的辩证思维能力，使其能够正确区分什么是主流、什么是支流，哪些是现象、哪些是本质，从而可以有效地帮助青年大学生正确地看待历史与现实的关系、全局与局部的关系，努力学会从规律性上认识和把握形势。形势与政策教育可以有效地提高大学生自身的理论水平、辨别分析能力，进一步树立科学的世界观，把握正确的政治方向，使大学生学会用正确的方法，站在正确的立场去分析问题，理解中国特色社会主义事业的艰巨性、长期性，理解党的各项方针政策制定的依据，自觉地贯彻党的方针和路线，为中国特色社会主义事业竭尽全力。形势与政策课程是促进大学生由理论学习到实际应用的重要途径。大学生可以通过形势与政策教育，把课堂知识与社会形势、政策发展结合起来，真正做到融会贯通，提高自身的综合素质。

3. 有利于提高大学生的思想政治素质

在我国政治、经济的发展过程中，以权谋私、贪污腐化等社会现象也时有发生。如何看待这些社会现象呢？不能正确看待这些问题的人，思想容易产生动荡，对政策持怀疑态度，个别人甚至有抵触情绪。形势作为事物存在和发展的情况和态势是客观的，但是看待形势的不同的立场和观点，即具有不同的形势观的人对形势的看法，必然会得出不同的结论。但通过横向、纵向地对比国内外形势后能够得出这样的结论：不存在社会矛盾的国家是没有的。任何政策都有利有弊，有人支持也有人反对……形势与政策教育可以使大学生开阔政治视野和政治胸怀，确立正确的政治立场、成熟的政治思维，正确了解国际、国内大事，把握形势发展趋势，进而对纷繁复杂的新情况、新问题进行科学分析，深刻、正确地观察形势，理解政策，避免在复杂的政治环境下迷失方向，从而提高大学生理解政策的水平和政治觉悟。形势与政策教育坚持以马克思列宁主义、毛泽东思想、邓小平理论、“三个代表”重要思想、科学发展观和习近平新时代中国特色社会主义思想为指导，紧密结合“五位一体”总体布局、“四个全面”战略布局和实现中华民族伟大复兴的历史使命，针对大学生关注的热点问题和思想特点，帮助大学生认清国内外形势，教育和引导大学生全面准确地理解党的路线、方针和政策，牢固树立中国特色社会主义道路自信、理论自信、制

度自信、文化自信，坚定在中国共产党的领导下走中国特色社会主义道路的信心和决心，积极投身于改革开放和现代化建设伟大事业。

形势与政策课程在思想政治教育中的作用是不可替代的，是对大学生进行形势与政策教育的主渠道和主要阵地，是每位大学生必修的一门课程。当今国内外形势风云变幻，进入 21 世纪的中国正面临着难得的机遇和巨大的挑战，在大学生中广泛开展形势与政策教育，能够提高大学生认识问题、分析问题和判断是非的能力，对当代大学生如何在纷繁复杂的国内外形势下，正视我国面临的机遇与挑战，坚定信念，振奋精神，努力学习，报效祖国，具有重大的现实价值与深远的历史意义。

专题一
决胜全面小康　夺取新时代伟大胜利
——党的十九大精神解读

2017 年 10 月 18 日，中国共产党第十九次全国代表大会在北京人民大会堂隆重开幕。习近平总书记代表第十八届中央委员会向大会作报告。

图 1-1：十九大开幕现场

（图片来源：http：//www.rmzxb.com.cn/c/2017-11-01/1855527.shtml）

这次大会，是在全面建成小康社会决胜阶段、中国特色社会主义发展关键时期召开的一次十分重要的大会，我们党明确宣示了举什么旗、走什么路、以什么样的精神状态、担负什么样的历史使命、实现什么样的奋斗目标，提出了具有全局性、战略性、前瞻性的行动纲领。

青年大学生要积极行动起来，深入学习贯彻党的十九大精神，把思想和行动统一到党的十九大精神上来。

一、党的十九大报告的重要意义和地位

习近平同志所作的十九大报告，主题鲜明、思想深邃，内涵丰富、博大精深，气势恢宏、催人奋进，通篇闪耀着马克思主义真理的光芒，展示了以习近平同志为核心的党中央引领新时代中国特色社会主义的理论成果、实践成果、创新成果，激励着全党全国各族人民决胜全面建成小康社会、夺取新时代中国特色社会主义伟大胜利、实现中华民族伟大复兴中国梦的坚定信心。

1. 是马克思主义中国化的最新理论成果

党的十九大提出的习近平新时代中国特色社会主义思想是十九大报告的灵魂，是马克思主义中国化的新飞跃，是民族精神和时代精神之精华，是照亮中华民族伟大复兴前程、指引我们党夺取“四个伟大”新胜利的思想灯塔，也是本次党代会及报告的最大创新和亮点，更是我们党必须长期坚持的指导思想。

2. 是中国特色社会主义理论和实践的又一次伟大创新

党的十九大报告立足理论创新和实践创新，提出了新思想、新论断、新提法，概括了新变革、新时代、新矛盾，构建了新方略、新征程、新阶段，确立了新目标、新任务、新部署。这是党的十九大报告创新井喷、亮点频发的秘密所在，也是党的十九大报告实现的对中国特色社会主义理论和实践又一次伟大创新的渊源所在。

3. 是新时代的纲领性文献

党的十九大报告高举中国特色社会主义伟大旗帜，主题鲜明、继往开来、与时俱进，是一个动员全党全国各族人民决胜全面建成小康社会、夺取新时代中国特色社会主义伟大胜利、实现中华民族伟大复兴中国梦不懈奋斗的纲领性文献。

4. 是引领新时代前进的政治宣言

党的十九大报告高瞻远瞩、举旗定向，大气磅礴、引领时代，明确宣示了举什么旗、走什么路、以什么样的精神状态、担负什么样的历史使命、实现什么样的奋斗目标，是中国共产党不忘初心、担当使命、继续前进的政治宣言，是决胜全面建成小康社会、夺取新时代中国特色社会主义伟大胜利的进军号角，是开启全面建设社会主义现代化强国新征程、实现中华民族伟大复兴中国梦的行动指南。

5. 是新时代中国特色社会主义的行动纲领

党的十九大报告坚持马克思主义基本原理，扎根中国大地、总结实践经验，首次提出习近平新时代中国特色社会主义思想，并指明了新时代新的发展路径，做出了一系列战略部署和工作布局，为我们在新时代、新的历史起点上实现新的奋斗目标提供了行动纲领。

专家解读

这个报告立意高远、思想深刻、内容丰富、部署精当。新思想、新概念、新理论，报告新意迭出。有六个新：第一、新时代；第二、新矛盾；第三、新思想；第四、新方略；第五、新任务；第六、新征程。

——李君如（中央党校原副校长）

党的十九大报告深刻阐释了新时代坚持和发展中国特色社会主义的一系列重大理论和实践问题，阐明了中国特色社会主义新时代党和国家事业发展的大政方针和行动纲领。十九大报告是开创中国特色社会主义新时代党和国家事业新局面、指引中华民族由“站起来”“富起来”到“强起来”的政治宣言书，是决胜全面建成小康社会和实现中华民族伟大复兴中国梦的进军号。

——韩振峰（北京交通大学马克思主义学院院长、中国马克思主义与文化发展研究院常务副院长、博士生导师）

二、党的十九大报告的主要内容

党的十九大的主题是：不忘初心，牢记使命，高举中国特色社会主义伟大旗帜，决胜全面建成小康社会，夺取新时代中国特色社会主义伟大胜利，为实现中华民族伟大复兴的中国梦不懈奋斗。

党的十九大报告共分 13 个部分：过去五年的工作和历史性变革；新时代中国共产党的历史使命；新时代中国特色社会主义思想和基本方略；决胜全面建成小康社会，开启全面建设社会主义现代化国家新征程；贯彻新发展理念，建设现代化经济体系；健全人民当家作主制度体系，发展社会主义民主政治；坚定文化自信，推动社会主义文化繁荣兴盛；提高保障和改善民生水平，加强和创新社会治理；加快生态文明体制改革，建设美丽中国；坚持走中国特色强军之路，全面推进国防和军队现代化；坚持“一国两制”，推进祖国统一；坚持和平发展道路，推动构建人类命运共同体；坚定不移全面从严治党，不断提高党的执政能力和领导水平。

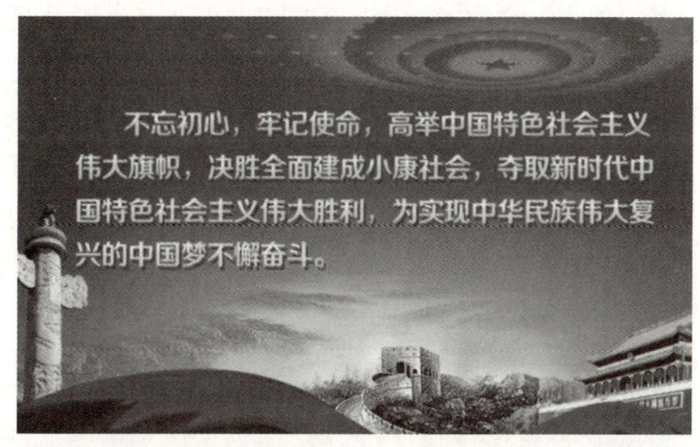

图 1-2：十九大报告的主题

（图片来源：https：//www.toutiao.com/i6486685248754024973/）

1. 过去五年的工作和历史性变革

——经济建设取得重大成就

五年来，坚定不移地贯彻创新、协调、绿色、开放、共享的新发展理念，坚决端正发展观念、转变发展方式，发展质量和效益不断提升。

（1）经济保持中高速增长。五年来，我国国内生产总值从 54 万亿元增长到 80 万亿元，稳居世界第二。我国经济增长换挡不失势，降速不失质，正在从高速增长转变为高质量发展，始终运行在合理区间。

（2）供给侧结构性改革深入推进，经济结构不断优化。以“三去一降一补”即去产能、去库存、去杠杆、降成本、补短板的“五大重点任务”为内容的供给侧结构性改革，全面展开，深入推进。

（3）数字经济等新兴产业蓬勃发展。新产业、新业态、新商业模式特别是数字经济，如支付宝、网购、共享单车等奇迹般地崛起，连西方发达国家民众都自叹不如。

（4）基础设施建设快速推进。高铁、公路、桥梁、港口、机场等基础设施建设，几乎每项都名列世界前茅。南海岛礁建设积极推进。

（5）农业现代化稳步推进。农业现代化稳步推进，2016 年我国粮食总产量已经超过 61 600 万吨，真正实现了国人的饭碗端在自己手中，绝不靠外国人吃饭。

（6）“一带一路”、京津冀协同发展、长江经济带等建设实施成效显著。“一带一路”提出 4 年来，以点带面，从线到片，全方位推进沿线国家双边和区域合作，取得可喜进展。2017 年 5 月的“一带一路”国际合作高峰论坛更使这一倡议继续延伸，获得更大推进。我国与沿线国家经贸合作密切，已经使 60 余个国家获益。

（7）创新型国家建设成果丰富。天宫、蛟龙、天眼、悟空、墨子、大飞机等重大科技成果相继问世，喜煞国人，惊动世界。

（8）中国制造成绩斐然。近年来，随着中国经济转型，中国产品各方面发生巨大变化。超级计算机技术领先世界，彩电冰箱洗衣机畅销全球，“人造太阳”世界唯一，民用无人机研发生产世界第一并大量出口，8 万吨模压机创多项世界第一，“天鲸号”绞吸式挖泥船惊动世界，万米级无人潜水器将冲击马里亚纳海沟，中国南车制造的 CIT500 型的动车试验时速达到了 605 千米。

——全面深化改革取得重大突破

蹄疾步稳推进全面深化改革，坚决破除各方面体制机制弊端。改革全面发力、多点突破、纵深推进，着力增强改革系统性、整体性、协同性，压茬拓展改革广度和深度，推出一千五百多项改革举措，重要领域和关键环节改革取得突破性进展，主要领域改革主体框架基本确立。

图 1-3：中国标准动车组“复兴号”列车

（图片来源：http：//www.xinhuanet.com/2017-10/20/c_1121828393.htm）

——民主法治建设迈出重大步伐

党的十九大报告指出，民主法治建设迈出重大步伐。积极发展社会主义民主政治，推进全面依法治国，党的领导、人民当家作主、依法治国有机统一的制度建设全面加强，党的领导体制机制不断完善，社会主义民主不断发展，党内民主更加广泛，社会主义协商民

主全面展开，爱国统一战线巩固发展，民族宗教工作创新推进。中国特色社会主义法治体系日益完善，全社会法治观念明显增强。国家监察体制改革试点取得实效。

——思想文化建设取得重大进展

思想文化是一个民族的灵魂，是一个政党凝聚群力的重要法宝。没有共同的思想基础，就团结不了各族群众；没有先进文化的支撑，就会失去前进的方向。党的十八大以来，以习近平同志为核心的党中央极为重视思想文化建设，使思想文化建设取得了重大进展。党的十九大报告指出，加强党对意识形态工作的领导，党的理论创新全面推进，马克思主义在意识形态领域的指导地位更加鲜明，中国特色社会主义和中国梦深入人心，社会主义核心价值观和中华优秀传统文化广泛弘扬，群众性精神文明创建活动扎实开展。

——人民生活不断改善

一大批惠民举措落地实施，人民获得感显著增强。脱贫攻坚战取得决定性进展，六千多万贫困人口稳定脱贫，贫困发生率从10.2%下降到4%以下。教育事业全面发展，中西部和农村教育明显加强。就业状况持续改善，城镇新增就业年均1300万人以上。城乡居民收入增速超过经济增速，中等收入群体持续扩大。覆盖城乡居民的社会保障体系基本建立，人民健康和医疗卫生水平大幅提高，保障性住房建设稳步推进。社会治理体系更加完善，社会大局保持稳定，国家安全全面加强。

图 1-4：云南省墨江哈尼族自治县联珠镇克曼村哈尼族群众的易地搬迁安置房

（图片来源：http：//www.xinhuanet.com/2017-10/20/c_1121828393.htm）

——生态文明建设成效显著

党的十八大将生态文明建设纳入中国特色社会主义事业“五位一体”总体布局，“美丽中国”成为中华民族追求的新目标。五年来，以习近平同志为核心的党中央牢固树立保护生态环境就是保护生产力、改善生态环境就是发展生产力的理念，从山水林田湖草的“命运共同体”粗具规模，到绿色发展理念融入生产生活，再到经济发展与生态改善实现良性互动，以习近平同志为核心的党中央将生态文明建设推向新高度，美丽中国新图景徐徐展开。

图 1-5：浙江省安吉县上墅乡刘家塘村的美丽乡村景色

（图片来源：http：//www.xinhuanet.com/2017-10/20/c_1121828393.htm）

——强军兴军开创新局面

中国梦蕴含强军梦，强军梦支撑中国梦。在实现中华民族伟大复兴的征程上，以习近平同志为核心的党中央审时度势，总结我们党建军治军成功经验，考量国际战略形势和国家安全环境发展变化，着眼于解决军队建设面临的突出矛盾和问题，鲜明提出了党在新形势下的强军目标——建设一支听党指挥、能打胜仗、作风优良的人民军队。制定新形势下军事战略方针，全力推进国防和军队现代化。人民军队在中国特色强军之路上迈出坚定步伐。

——港澳台工作取得新进展

党的十八大以来，以习近平同志为核心的党中央站在战略和全局的高度，坚持全面准确地贯彻执行“一国两制”方针，继续推进港澳的发展繁荣，稳妥地应对和处理对台工作遇到的新情况、新问题、新挑战，坚定地维护国家主权、安全、发展利益，保持港澳繁荣稳定，引领“一国两制”实践在乘风破浪中取得新成功。

——全方位外交布局深入展开

全面推进中国特色大国外交，形成全方位、多层次、立体化的外交布局，为我国发展营造了良好外部条件。我国国际影响力、感召力、塑造力进一步提高，为世界和平与发展做出新的重大贡献。

——全面从严治党成效卓著

全面加强党的领导和党的建设，坚决改变管党治党宽松软状况。推动全党尊崇党章，增强政治意识、大局意识、核心意识、看齐意识，坚决维护党中央权威和集中统一领导，严明党的政治纪律和政治规矩，层层落实管党治党政治责任。党的建设工作深入推进，党内法规制度体系不断完善。把纪律挺在前面，着力解决人民群众反映最强烈、对党的执政基础威胁最大的突出问题。坚持反腐败无禁区、全覆盖、零容忍，坚定不移“打虎”“拍蝇”

“猎狐”，不敢腐的目标初步实现，不能腐的笼子越扎越牢，不想腐的堤坝正在构筑，反腐败斗争压倒性态势已经形成并巩固发展。

五年来取得的成绩是党中央坚强领导的结果，更是全党全国各族人民共同奋斗的结果。其实质就是党和国家事业发生的“历史性变革”。正如习近平同志在十九大报告中所指出的：“五年来的成就是全方位的、开创性的，五年来的变革是深层次的、根本性的。”

党的十九大报告指出：“经过长期努力，中国特色社会主义进入了新时代，这是我国发展新的历史方位。”中国特色社会主义进入新时代，意味着近代以来久经磨难的中华民族迎来了从站起来、富起来到强起来的伟大飞跃，迎来了实现中华民族伟大复兴的光明前景；意味着科学社会主义在21世纪的中国焕发出强大生机活力，在世界上高高举起了中国特色社会主义伟大旗帜；意味着中国特色社会主义道路、理论、制度、文化不断发展，拓展了发展中国家走向现代化的途径，给世界上那些既希望加快发展又希望保持自身独立性的国家和民族提供了全新选择，为解决人类问题贡献了中国智慧和中国方案。

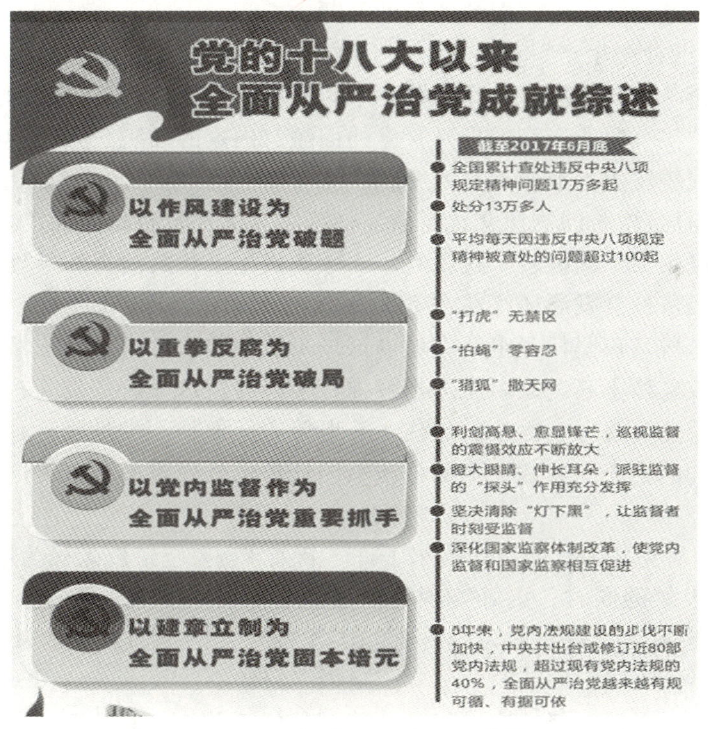

图 1-6：五年来从严治党的成就

（图片来源：http：//big5.xinhuanet.com/gate/big5/fms.news.cn/swf/2017qmtt/10_9_2017_bg1/index.html）

这个新时代，是承前启后、继往开来、在新的历史条件下继续夺取中国特色社会主义伟大胜利的时代，是决胜全面建成小康社会、进而全面建设社会主义现代化强国的时代，是全国各族人民团结奋斗、不断创造美好生活、逐步实现全体人民共同富裕的时代，是全体中华儿女勠力同心、奋力实现中华民族伟大复兴中国梦的时代，是我国日益走近世界舞台中央、不断为人类做出更大贡献的时代。

专家解读

十九大报告提出，中国特色社会主义进入新时代。这是我们党基于世情、国情、党情作出的科学判断。中国特色社会主义进入新时代有三个核心特征：一是中国人民即将在全面建成小康社会的基础上，迈进建设富强民主文明和谐美丽的社会主义现代化强国的新时代。二是科学社会主义在中国焕发强大生机活力，中国特色社会主义在世界上的影响会越来越大。三是中国特色社会主义的伟大实践和成就，为解决人类问题贡献了中国智慧和中国方案。

——钟君（中国社科院研究员）

新时代面临新的社会形势，社会的主要矛盾也随之发生变化。所以党的十九大做出了我国社会主要矛盾已经转化为人民日益增长的美好生活需要和不平衡不充分的发展之间的矛盾这样的判断。这是基于中国国情的科学判断。

首先，“落后的社会生产”已不再是中国的现实。改革开放以来，我们党团结带领全国各族人民不懈奋斗，推动我国经济实力、科技实力、国防实力、综合国力进入世界前列，推动我国国际地位实现前所未有的提升，党的面貌、国家的面貌、人民的面貌、军队的面貌、中华民族的面貌发生了前所未有的变化。

其次，“人民日益增长的物质文化需要”转变为“人民日益增长的美好生活需要”。近 5 年来，我国人民生活不断改善，这就是主要矛盾发生变化的前提和基础。同时，还要看到，我们今天的经济社会发展还存在“不平衡不充分”的状况。不平衡，主要是指民生领域还有不少短板，脱贫攻坚任务艰巨，城乡区域发展和收入分配差距依然较大。不充分，是指发展质量和效益还不高，创新能力不够强，实体经济水平有待提高，生态环境保护任重道远；群众在就业、教育、医疗、居住、养老等方面面临不少难题；社会文明水平尚需提高；社会矛盾和问题交织叠加，全面依法治国任务依然繁重，国家治理体系和治理能力有待加强。

这样的判断，对党和国家的工作提出了许多新要求。要坚持以人民为中心的发展思想，在继续推动经济发展的同时，更好实现各项事业全面发展。着力解决好发展不平衡不充分以及提升发展质量和效益，成为今后党和国家推动人的全面发展、社会全面进步的主要任务。

我国社会的主要矛盾已经改变，但是，我国仍处于并将长期处于社会主义初级阶段的基本国情没有变，我国是世界最大发展中国家的国际地位没有变。全党要牢牢把握社会主义初级阶段这个基本国情，牢牢立足社会主义初级阶段这个最大实际，牢牢坚持党的基本路线这个党和国家的生命线、人民的幸福线。

社会主义初级阶段的基本路线的表述也随之发生变化：

党的十三大表述为：领导和团结全国各族人民，以经济建设为中心，坚持四项基本原则，坚持改革开放，自力更生，艰苦创业，为把我国建设成为富强、民主、文明的社会主义现代化国家而奋斗。

党的十九大表述为：领导和团结全国各族人民，以经济建设为中心，坚持四项基本原则，坚持改革开放，自力更生，艰苦创业，为把我国建成富强民主文明和谐美丽的社会主义现代化强国而奋斗。

2. 新时代中国共产党的历史使命

实现中华民族伟大复兴的中国梦是我们的宏伟目标，也就是伟大梦想。要实现伟大梦想，必须要进行伟大斗争、建设伟大工程、推进伟大事业。

（1）伟大斗争。实现伟大梦想，必须进行伟大斗争。社会是在矛盾运动中前进的，有矛盾就会有斗争。我们党要团结带领人民有效应对重大挑战、抵御重大风险、克服重大阻力、解决重大矛盾，必须进行具有许多新的历史特点的伟大斗争，任何贪图享受、消极懈怠、回避矛盾的思想和行为都是错误的。

（2）伟大工程。实现伟大梦想，必须建设伟大工程。这个伟大工程就是我们党正在深入推进的党的建设新的伟大工程。历史已经并将继续证明，没有中国共产党的领导，民族复兴必然是空想。我们党要始终成为时代先锋、民族脊梁，始终成为马克思主义执政党，自身必须始终过硬。

（3）伟大事业。实现伟大梦想，必须推进伟大事业。这个伟大事业就是中国特色社会主义事业，我们只有推进这个伟大事业，才能够实现我们的伟大梦想。

（4）伟大梦想。实现中华民族的伟大复兴就是中华民族近代以来最伟大的梦想。党的十九大报告指出，我们比历史上任何时期都更接近、更有信心和能力实现中华民族伟大复兴的目标。

伟大斗争、伟大工程、伟大事业、伟大梦想，紧密联系、相互贯通、相互作用，其中起决定性作用的是党的建设新的伟大工程。推进伟大工程，要结合伟大斗争、伟大事业、伟大梦想的实践来进行，确保党在世界形势深刻变化的历史进程中始终走在时代前列，在应对国内外各种风险和考验的历史进程中始终成为全国人民的主心骨，在坚持和发展中国特色社会主义的历史进程中始终成为坚强领导核心。

3. 新时代中国特色社会主义思想和基本方略

新时代中国特色社会主义思想集中回答了新时代坚持和发展什么样的中国特色社会主义、怎样坚持和发展中国特色社会主义等基本问题。要根据新的实践对经济、政治、法治、科技、文化、教育、民生、民族、宗教、社会、生态文明、国家安全、国防和军队、“一国两制”和祖国统一、统一战线、外交、党的建设等各方面做出理论分析和政策指导，以利于更好坚持和发展中国特色社会主义。

——“八个明确”

（1）明确坚持和发展中国特色社会主义总任务是实现社会主义现代化和中华民族伟大复兴。在全面建成小康社会的基础上，分两步走在本世纪中叶建成富强民主文明和谐美丽的社会主义现代化强国。明确了总任务就是确立了总目标，并且明确了实现目标的“两步走”战略。第一个阶段，从 2020 年到 2035 年，基本实现社会主义现代化；第二个阶段，从 2035 年到本世纪中叶，建成社会主义现代化强国。

（2）明确新时代我国社会主要矛盾是人民日益增长的美好生活需要和不平衡不充分的发展之间的矛盾，必须坚持以人民为中心的发展思想，不断促进人的全面发展、全体人民共同富裕。中国特色社会主义进入新时代，一个重要表现就是我国社会主要矛盾发生了变化。解决新的主要矛盾，要求我们着力解决好发展不平衡不充分的问题，我们所追求的发展是“全面发展”，我们所推进的社会进步是“全面进步”。

（3）明确中国特色社会主义事业总体布局是“五位一体”、战略布局是“四个全面”，强调坚定道路自信、理论自信、制度自信、文化自信。

（4）明确全面深化改革总目标是完善和发展中国特色社会主义制度、推进国家治理体系和治理能力现代化。“怎样治理社会主义社会这样的全新社会”是世界社会主义发展过程中面临的新问题。新时代中国特色社会主义思想围绕“中国制度优势”“国家治理”“国家构建”做出了一系列科学解答。

（5）明确全面推进依法治国总目标是建设中国特色社会主义法治体系、建设社会主义法治国家。这个总目标既明确了全面推进依法治国的性质和方向，又突出了全面推进依法治国的工作重点和总抓手，对全面推进依法治国具有“纲举目张”的意义。

（6）明确党在新时代的强军目标是建设一支听党指挥、能打胜仗、作风优良的人民军队，把人民军队建设成为世界一流军队。

（7）明确中国特色大国外交要推动构建新型国际关系，推动构建人类命运共同体。中国共产党始终把为人类做出新的更大贡献作为自己的使命。早在1956年，毛泽东指出：“中国应当对于人类有较大的贡献。”“构建新型国际关系”“构建人类命运共同体”既是新时代中国特色社会主义思想的重要构成部分，也是我们为解决人类问题提供的中国方案、贡献的中国智慧。

（8）明确中国特色社会主义最本质的特征是中国共产党领导，中国特色社会主义制度的最大优势是中国共产党领导，党是最高政治领导力量，提出新时代党的建设总要求，突出政治建设在党的建设中的首要地位。“领导我们事业的核心力量是中国共产党，指导我们思想的理论基础是马克思列宁主义。”坚持和发展中国特色社会主义，必须毫不动摇坚持和完善党的领导，毫不动摇把党建设得更加坚强有力，努力建设成为世界上最强大的政党，让我们党永远朝气蓬勃。

新时代中国特色社会主义思想是对马克思列宁主义、毛泽东思想、邓小平理论、“三个代表”重要思想、科学发展观的继承和发展，是马克思主义中国化最新成果，是党和人民实践经验和集体智慧的结晶，是中国特色社会主义理论体系的重要组成部分，是全党全国人民为实现中华民族伟大复兴而奋斗的行动指南，必须长期坚持并不断发展。

——十四条基本方略

（1）坚持党对一切工作的领导。党政军民学，东西南北中，党是领导一切的。必须增强政治意识、大局意识、核心意识、看齐意识，自觉维护党中央权威和集中统一领导，自觉在思想上政治上行动上同党中央保持高度一致，完善坚持党的领导的体制机制，坚持稳中求进工作总基调，统筹推进“五位一体”总体布局，协调推进“四个全面”战略布局，提高党把方向、谋大局、定政策、促改革的能力和定力，确保党始终总揽全局、协调各方。

（2）坚持以人民为中心。人民是历史的创造者，是决定党和国家前途命运的根本力量。必须坚持人民主体地位，坚持立党为公、执政为民，践行全心全意为人民服务的根本宗旨，把党的群众路线贯彻到治国理政的全部活动之中，把人民对美好生活的向往作为奋斗目标，依靠人民创造历史伟业。

专家解读

从“人民对美好生活的向往，就是我们的奋斗目标”到“始终把人民放在心中最高的位置”，从“坚持以人民为中心的发展思想”到“民心是最大的政治”，以习近平同志为核心的党中央把为民理念转化为党的路线方针政策，融入执政目标、执政方略、执政方式等治国理政的要素之中。

——戴木才（清华大学马克思主义学院教授）

（3）坚持全面深化改革。只有社会主义才能救中国，只有改革开放才能发展中国、发展社会主义、发展马克思主义。必须坚持和完善中国特色社会主义制度，不断推进国家治理体系和治理能力现代化，坚决破除一切不合时宜的思想观念和体制机制弊端，突破利益固化的藩篱，吸收人类文明有益成果，构建系统完备、科学规范、运行有效的制度体系，充分发挥我国社会主义制度优越性。

（4）坚持新发展理念。发展是解决我国一切问题的基础和关键，发展必须是科学发展，必须坚定不移贯彻创新、协调、绿色、开放、共享的发展理念。必须坚持和完善我国社会主义基本经济制度和分配制度，毫不动摇巩固和发展公有制经济，毫不动摇鼓励、支持、引导非公有制经济发展，使市场在资源配置中起决定性作用，更好发挥政府作用，推动新型工业化、信息化、城镇化、农业现代化同步发展，主动参与和推动经济全球化进程，发展更高层次的开放型经济，不断壮大我国经济实力和综合国力。

（5）坚持人民当家作主。坚持党的领导、人民当家作主、依法治国有机统一是社会主义政治发展的必然要求。必须坚持中国特色社会主义政治发展道路，坚持和完善人民代表大会制度、中国共产党领导的多党合作和政治协商制度、民族区域自治制度、基层群众自治制度，巩固和发展最广泛的爱国统一战线，发展社会主义协商民主，健全民主制度，丰富民主形式，拓宽民主渠道，保证人民当家作主落实到国家政治生活和社会生活之中。

专家解读

习近平新时代中国特色社会主义思想必将成为而且一定要成为中国社会在未来更长时间内我们坚定不移的指导思想和行动指南。以它为指导，中国社会就可以更加信心百倍地实现中华民族的伟大复兴，中国特色社会主义道路就会在新时代越来越宽广。

——辛鸣（中共中央党校教授）

（6）坚持全面依法治国。全面依法治国是中国特色社会主义的本质要求和重要保障。必须把党的领导贯彻落实到依法治国全过程和各方面，坚定不移走中国特色社会主义法治道路，完善以宪法为核心的中国特色社会主义法律体系，建设中国特色社会主义法治体系，建设社会主义法治国家，发展中国特色社会主义法治理论，坚持依法治国、依法执政、依法行政共同推进，坚持法治国家、法治政府、法治社会一体建设，坚持依法治国和以德治国相结合，依法治国和依规治党有机统一，深化司法体制改革，提高全民族法治素养和道德素质。

（7）坚持社会主义核心价值体系。文化自信是一个国家、一个民族发展中更基本、更深沉、更持久的力量。必须坚持马克思主义，牢固树立共产主义远大理想和中国特色社会主义共同理想，培育和践行社会主义核心价值观，不断增强意识形态领域主导权和话语权，推动中华优秀传统文化创造性转化、创新性发展，继承革命文化，发展社会主义先进文化，不忘本来、吸收外来、面向未来，更好构筑中国精神、中国价值、中国力量，为人民提供精神指引。

（8）坚持在发展中保障和改善民生。增进民生福祉是发展的根本目的。必须多谋民生之利、多解民生之忧，在发展中补齐民生短板、促进社会公平正义，在幼有所育、学有所教、劳有所得、病有所医、老有所养、住有所居、弱有所扶上不断取得新进展，深入开展脱贫攻坚，保证全体人民在共建共享发展中有更多获得感，不断促进人的全面发展、全体人民共同富裕。建设平安中国，加强和创新社会治理，维护社会和谐稳定，确保国家长治久安、人民安居乐业。

专家解读

新时代中国特色社会主义思想的“8个明确”和“14条基本方略”，是习近平同志系列重要讲话精神和治国理政新理念新思想新战略的集大成，是各种经验性成果的集中展示。

——严书翰（中央党校教授、马克思主义理论研究和建设工程课题组首席专家）

（9）坚持人与自然和谐共生。建设生态文明是中华民族永续发展的千年大计。必须树立和践行“绿水青山就是金山银山”的理念，坚持节约资源和保护环境的基本国策，像对待生命一样对待生态环境，统筹山水林田湖草系统治理，实行最严格的生态环境保护制度，形成绿色发展方式和生活方式，坚定走生产发展、生活富裕、生态良好的文明发展道路，建设美丽中国，为人民创造良好生产生活环境，为全球生态安全做出贡献。

（10）坚持总体国家安全观。统筹发展和安全，增强忧患意识，做到居安思危，是我们党治国理政的一个重大原则。必须坚持国家利益至上，以人民安全为宗旨，以政治安全为根本，统筹外部安全和内部安全、国土安全和国民安全、传统安全和非传统安全、自身安全和共同安全，完善国家安全制度体系，加强国家安全能力建设，坚决维护国家主权、安全、发展利益。

（11）坚持党对人民军队的绝对领导。建设一支听党指挥、能打胜仗、作风优良的人民军队，是实现“两个一百年”奋斗目标、实现中华民族伟大复兴的战略支撑。必须全面贯

彻党领导人民军队的一系列根本原则和制度，确立新时代党的强军思想在国防和军队建设中的指导地位，坚持政治建军、改革强军、科技兴军、依法治军，更加注重聚焦实战，更加注重创新驱动，更加注重体系建设，更加注重集约高效，更加注重军民融合，实现党在新时代的强军目标。

专家解读

新时代中国特色社会主义思想从世界观和方法论的高度，深刻回答了中国特色社会主义进入新时代后，中国共产党举什么旗、走什么路、以什么样的精神状态、担负什么样的历史使命、实现什么样的奋斗目标等一系列带有根本性的问题。无论在近百年的中国共产党发展史上，还是在近半个世纪的中国特色社会主义发展史上，都具有重要而深远的历史意义和现实意义。

——齐鹏飞（中国人民大学马克思主义学院教授）

（12）坚持“一国两制”和推进祖国统一。保持香港、澳门长期繁荣稳定，实现祖国完全统一，是实现中华民族伟大复兴的必然要求。必须把维护中央对香港、澳门特别行政区全面管治权和保障特别行政区高度自治权有机结合起来，确保“一国两制”方针不会变、不动摇，确保“一国两制”实践不变形、不走样。必须坚持一个中国原则，坚持“九二共识”，推动两岸关系和平发展，深化两岸经济合作和文化往来，推动两岸同胞共同反对一切分裂国家的活动，共同为实现中华民族伟大复兴而奋斗。

（13）坚持推动构建人类命运共同体。中国人民的梦想同各国人民的梦想息息相通，实现中国梦离不开和平的国际环境和稳定的国际秩序。必须统筹国内国际两个大局，始终不渝走和平发展道路、奉行互利共赢的开放战略，坚持正确义利观，树立共同、综合、合作、可持续的新安全观，谋求开放创新、包容互惠的发展前景，促进和而不同、兼收并蓄的文明交流，构筑尊崇自然、绿色发展的生态体系，始终做世界和平的建设者、全球发展的贡献者、国际秩序的维护者。

（14）坚持全面从严治党。勇于自我革命，从严管党治党，是我们党最鲜明的品格。必须以党章为根本遵循，把党的政治建设摆在首位，思想建党和制度治党同向发力，统筹推进党的各项建设，抓住“关键少数”，坚持“三严三实”，坚持民主集中制，严肃党内政治生活，严明党的纪律，强化党内监督，发展积极健康的党内政治文化，全面净化党内政治生态，坚决纠正各种不正之风，以零容忍态度惩治腐败，不断增强党自我净化、自我完善、自我革新、自我提高的能力，始终保持党同人民群众的血肉联系。

专家解读

习近平新时代中国特色社会主义思想形成了围绕“时代之问”、聚焦当下实践的理论体系，这是对改革开放以来中国特色社会主义伟大实践的系统总结，是党和人民实践经验和集体智慧的璀璨结晶，为发展21世纪马克思主义做出了原创性贡献。

——韩庆祥（中共中央党校校委委员、一级教授）

4. 决胜全面建成小康社会，开启全面建设社会主义现代化国家新征程

从现在到 2020 年是全面建成小康社会决胜期。按照党的十六大、十七大、十八大提出的全面建成小康社会各项要求，紧扣我国社会主要矛盾变化，统筹推进经济建设、政治建设、文化建设、社会建设、生态文明建设，突出抓重点、补短板、强弱项，特别是要坚决打好防范化解重大风险、精准脱贫、污染防治的攻坚战，确保全面建成小康社会的目标如期实现，而且要使全面建成小康社会得到人民认可、经得起历史检验。

从党的十九大到二十大，是“两个一百年”奋斗目标的历史交汇期。我们既要全面建成小康社会、实现第一个百年奋斗目标，又要乘势而上开启全面建设社会主义现代化国家新征程，向第二个百年奋斗目标进军。

遵循“两步走”的战略安排：第一个阶段，从 2020 年到 2035 年，在全面建成小康社会的基础上，再奋斗十五年，基本实现社会主义现代化。第二个阶段，从 2035 年到本世纪中叶，在基本实现现代化的基础上，再奋斗十五年，把我国建成富强民主文明和谐美丽的社会主义现代化强国。

专家解读

“第一个百年目标实现之日，就是第二个百年目标开始之时。”这一历史阶段，是第一个百年目标冲刺阶段与第二个百年目标起跑阶段的衔接过渡期，是第一个百年目标收好官与第二个百年目标开好局的双重任务期，是制度更加成熟定型、发展更有品质、治理更有水准、人民更有获得感的提高跃升期。

——颜晓峰（国防大学马克思主义研究所研究员）

5. 对各个领域的工作的目标、方法、步骤做出政策指导

（1）贯彻新发展理念，建设现代化经济体系。深化供给侧结构性改革，加快建设创新型国家，实施乡村振兴战略，实施区域协调发展战略，加快完善社会主义市场经济体制，推动形成全面开放新格局。

（2）健全人民当家作主制度体系，发展社会主义民主政治。坚持党的领导、人民当家作主、依法治国有机统一。加强人民当家作主制度保障，发挥社会主义协商民主重要作用。人民政协是具有中国特色的制度安排，是社会主义协商民主的重要渠道和专门协商机构。深化依法治国实践，深化机构和行政体制改革，巩固和发展爱国统一战线。统一战线是党的事业取得胜利的重要法宝，必须长期坚持。要高举爱国主义、社会主义旗帜，牢牢把握大团结大联合的主题，坚持一致性和多样性统一，找到最大公约数，画出最大同心圆。

（3）坚定文化自信，推动社会主义文化繁荣兴盛。文化是一个国家、一个民族的灵魂。文化兴国运兴，文化强民族强。没有高度的文化自信，没有文化的繁荣兴盛，就没有中华民族伟大复兴。要坚持中国特色社会主义文化发展道路，激发全民族文化创新创造活力，建设社会主义文化强国。

中国特色社会主义文化，源自于中华民族五千多年文明历史所孕育的中华优秀传统文化，熔铸于党领导人民在革命、建设、改革中创造的革命文化和社会主义先进文化，植根

于中国特色社会主义伟大实践。发展中国特色社会主义文化，就是以马克思主义为指导，坚守中华文化立场，立足当代中国现实，结合当今时代条件，发展面向现代化、面向世界、面向未来的，民族的科学的大众的社会主义文化，推动社会主义精神文明和物质文明协调发展。要坚持为人民服务、为社会主义服务，坚持百花齐放、百家争鸣，坚持创造性转化、创新性发展，不断铸就中华文化新辉煌。

要从牢牢掌握意识形态工作领导权、培育和践行社会主义核心价值观、加强思想道德建设、繁荣发展社会主义文艺、推动文化事业和文化产业发展这五个方面推动社会主义文化繁荣兴盛。

（4）提高保障和改善民生水平，加强和创新社会治理。带领人民创造美好生活，是我们党始终不渝的奋斗目标。必须始终把人民利益摆在至高无上的地位，让改革发展成果更多更公平惠及全体人民，朝着实现全体人民共同富裕不断迈进。一是优先发展教育事业；二是提高就业质量和人民收入水平；三是加强社会保障体系建设；四是坚决打赢脱贫攻坚战；五是实施健康中国战略；六是打造共建共治共享的社会治理格局；七是有效维护国家安全。

（5）加快生态文明体制改革，建设美丽中国。我们要建设的现代化是人与自然和谐共生的现代化，既要创造更多物质财富和精神财富以满足人民日益增长的美好生活需要，也要提供更多优质生态产品以满足人民日益增长的优美生态环境需要。必须坚持节约优先、保护优先、自然恢复为主的方针，形成节约资源和保护环境的空间格局、产业结构、生产方式、生活方式，还自然以宁静、和谐、美丽。一是推进绿色发展；二是着力解决突出的环境问题；三是加大生态系统保护力度；四是改革生态环境监管体制。

（6）坚持走中国特色强军之路，全面推进国防和军队现代化。国防和军队建设正站在新的历史起点上。面对国家安全环境的深刻变化，面对强国强军的时代要求，必须全面贯彻新时代党的强军思想，贯彻新形势下军事战略方针，建设强大的现代化陆军、海军、空军、火箭军和战略支援部队，打造坚强高效的战区联合作战指挥机构，构建中国特色现代作战体系，担当起党和人民赋予的新时代使命任务。

适应世界新军事革命发展趋势和国家安全需求，提高建设质量和效益，确保到 2020 年基本实现机械化，信息化建设取得重大进展，战略能力有大的提升。同国家现代化进程相一致，全面推进军事理论现代化、军队组织形态现代化、军事人员现代化、武器装备现代化，力争到 2035 年基本实现国防和军队现代化，到本世纪中叶把人民军队全面建成世界一流军队。

（7）坚持“一国两制”，推进祖国统一。保持香港、澳门长期繁荣稳定，必须全面准确贯彻“一国两制”“港人治港”“澳人治澳”、高度自治的方针，严格依照宪法和基本法办事，完善与基本法实施相关的制度和机制。要支持特别行政区政府和行政长官依法施政、积极作为，团结带领香港、澳门各界人士齐心协力谋发展、促和谐，保障和改善民生，有序推进民主，维护社会稳定，履行维护国家主权、安全、发展利益的宪制责任。

解决台湾问题、实现祖国完全统一，是全体中华儿女的共同愿望，是中华民族的根本利益所在。必须继续坚持“和平统一、一国两制”的方针，推动两岸关系和平发展，推进祖国和平统一进程。坚决维护国家主权和领土完整，绝不容忍国家分裂的历史悲剧重演。

一切分裂祖国的活动都必将遭到全体中国人的坚决反对。

（8）坚持和平发展道路，推动构建人类命运共同体。中国将高举和平、发展、合作、共赢的旗帜，恪守维护世界和平、促进共同发展的外交政策宗旨，坚定不移在和平共处五项原则基础上发展同各国的友好合作，推动建设相互尊重、公平正义、合作共赢的新型国际关系。

（9）坚定不移全面从严治党，不断提高党的执政能力和领导水平。新时代党的建设要求：坚持和加强党的全面领导，坚持党要管党、全面从严治党，以加强党的长期执政能力建设、先进性和纯洁性建设为主线，以党的政治建设为统领，以坚定理想信念宗旨为根基，以调动全党积极性、主动性、创造性为着力点，全面推进党的政治建设、思想建设、组织建设、作风建设、纪律建设，把制度建设贯穿其中，深入推进反腐败斗争，不断提高党的建设质量，把党建设成为始终走在时代前列、人民衷心拥护、勇于自我革命、经得起各种风浪考验、朝气蓬勃的马克思主义执政党。

一是把党的政治建设摆在首位；二是用新时代中国特色社会主义思想武装全党；三是建设高素质专业化干部队伍；四是加强基层组织建设；五是持之以恒正风肃纪；六是夺取反腐败斗争压倒性胜利；七是健全党和国家监督体系；八是全面增强执政本领。

三、党的十九大报告与新时代青年

党的十九大报告首次专列一段阐述青年的作用，充分体现了以习近平同志为核心的党中央对青年一代寄予了殷切希望，也传承了我们党历来关注青年、关心青年、关爱青年的战略取向。因此，广大青年在决战全面建成小康社会的过程中要努力学习，贡献才干，建功立业，才能实现人生价值。

1. 广大青年同全国人民一道共享中国特色社会主义的新时代

中国特色社会主义进入新时代，对包括广大青年在内的全国人民来说，意义重大而深远。这必将进一步增强广大青年跟党走中国特色社会主义道路的坚定性和自信力，让广大青年与全国人民一道共建新时代，共享新时代。

2. 广大青年要在党的领导下同全国人民一道去应对、化解新矛盾

党的十九大报告对我国社会的主要矛盾做出了新判断。青年是推动国家经济社会发展的生力军和突击队。党和国家事业要发展，首先要发展青年。面对社会主义现代化建设的新要求、经济社会发展的新形势，需要广大基层青年在党的领导下同全国人民一道去面对、去化解。

3. 广大青年要同全国人民一道去学习领会、贯彻落实新思想

习近平新时代中国特色社会主义思想深刻回答了新时代党和国家事业发展的一系列重大理论和现实问题，进一步深化了我们党对共产党执政规律、社会主义发展规律和人类社会发展规律的认识，是中国革命、建设和改革的历史逻辑、理论逻辑和实践逻辑的贯通结合，升华了马克思主义的新境界。理论是行动的先导，广大青年作为决胜全面建设小康

社会的生力军，理应同全国人民一道，在干事创业的实践中不断深化对习近平新时代中国特色社会主义思想的理解，把党的十九大精神贯彻到各行各业的各项学习和工作之中。

4. 广大青年要在党的领导下开启新征程，接续奋斗，砥砺前行

习总书记在党的十九大报告中提出“两个阶段”的战略安排，为中国发展勾勒了美好前景和发展目标。新的征程需要广大青年在党的领导下继往开来、接续奋斗，砥砺前行，为决胜全面建成小康社会、全面建成社会主义现代化强国而贡献青春力量!

一切伟大的成就都是接续奋斗的结果，一切伟大的事业都需要在继往开来中推进。今天，我们比历史上任何时期都更接近中华民族伟大复兴的目标，比历史上任何时期都更有信心、有能力实现这个目标。实现第一个百年奋斗目标、决胜全面建成小康社会，为实现第二个百年奋斗目标而努力。踏上建设社会主义现代化国家新征程，我们伟大的党不忘初心再出发，勇担重任立潮头，引领承载中国人民伟大梦想的航船破浪前进，驶向更加光辉的彼岸。

拓展阅读

新华网评：这一历史性时刻，我们都在倾听

2017 年 10 月 25 日，一个将被历史记录的重要日子。

这一天，中国共产党第十九届中央委员会第一次全体会议召开，选举产生了新一届中共中央领导机构，选举产生了新一届中共中央政治局常委，选举习近平同志继续担任中共中央委员会总书记。习近平在十九届中共中央政治局常委同中外记者见面时强调，我们一定恪尽职守、勤勉工作、不辱使命、不负重托。

这是来自人民大会堂最响亮的声音，这是来自中国共产党最坚定的声音；它承载着 8900 万共产党员的嘱托，饱含着 13 亿多中国人的期望，是我们进入新时代的政治宣言，也是开启新征程的进军号角。

这一刻，全党在倾听。他们听到了最豪迈的声音，中国共产党是世界上最大的政党，大就要有大的样子；他们听到了最深沉的鞭策，全面从严治党永远在路上，不能有任何喘口气、歇歇脚的念头。不论我们党曾经做过多少工作，取得的成就多么辉煌，都不能躺在功劳簿上，仅仅从成功中寻求慰藉。在新时代的长征路上，面对着新目标新任务，全党必须要以时不我待、只争朝夕的精神，以党的强大正能量在全社会凝聚起推动中国发展进步的磅礴力量。

这一刻，人民在倾听。他们听到了最暖心的声音，历史是人民书写的，一切成就归功于人民；他们听到了最坚定的信念，中国人民生活一定会一年更比一年好。中国共产党人的初心和使命，就是为中国人民谋幸福，为中华民族谋复兴。为了这个初心和使命，我们党始终坚持以人民为中心的发展思想，把人民群众的小事当作自己的大事，从人民群众关心的事情做起，从让人民群众满意的事情做起，不断增强人民的获得感、幸福感、安全感，带领人民不断创造美好生活。

这一刻，世界在倾听。他们听到了最亲切的声音，我们欢迎记者朋友在中国多走走、多看看，更加全面地了解和报道中国；他们听到了最真诚的担当，中国人民将同各国人民一道，积极推动构建人类命运共同体，不断为人类和平与发展的崇高事业做出新的更大的贡献。中国共产党和中国人民从苦难中走过来，深知和平的珍贵、发展的价值。中国无论发展到什么程度，永远不称霸，永远不搞扩张。

这一刻，未来在倾听。他们听到了振奋人心的声音，中国特色社会主义进入了新时代，要有新气象，更要有新作为；他们听到了高瞻远瞩的谋划，中共十九大到二十大的5年，第一个百年目标要实现，第二个百年奋斗目标要开篇。中国共产党立志于中华民族千秋伟业，是敢于斗争、敢于胜利的伟大政党，只要深深扎根人民、紧紧依靠人民，就可以获得无穷的力量，以永不懈怠的精神状态和一往无前的奋斗姿态，继续朝着实现中华民族伟大复兴的宏伟目标，风雨无阻，奋勇向前。

这一刻，属于伟大的中国共产党！这一刻，属于伟大的中国人民！这一刻，属于伟大的时代！我们为这一刻而欢呼，更为新征程而自信。我们意气风发，豪情满怀，矢志不渝地创造出无愧于时代的业绩，大踏步走向充满希望的未来。

（资料来源：http://www.xinhuanet.com/comments/2017-10/25/c_1121856570.htm）

推荐阅读

1.《习近平新时代中国特色社会主义思想体现全方位的“新”》，
http：//theory.people.com.cn/n1/2018/0117/c40531-29769776.html。
2.《理解习近平新时代中国特色社会主义思想的几个维度》，
http：//theory.people.com.cn/n1/2018/0105/c40531-29747604.html。
3.《深刻把握习近平新时代中国特色社会主义思想活的灵魂》，
http：//theory.people.com.cn/n1/2018/0110/c40531-29755803.html。
4.《〈战狼2〉大火，有情怀的故事最动人》，
http：//opinion.people.com.cn/n1/2017/0802/c1003-29445589.html。

视频链接

聚焦十九大：解读报告关键词——社会主要矛盾

专题二

奋进新时代　筑梦新征程

——深入学习贯彻 2018 年全国“两会”精神

第十二届全国人民代表大会第一次会议以来的五年，是我国发展进程中极不平凡的五年。面对极其错综复杂的国内外形势，以习近平同志为核心的党中央团结带领全国各族人民砥砺前行，统筹推进“五位一体”总体布局，协调推进“四个全面”战略布局，改革开放和社会主义现代化建设全面开创新局面。2017 年 10 月，党的十九大胜利召开，确定了我国发展新的历史方位，制定了新时代中国特色社会主义的行动纲领和发展蓝图，向全世界宣布中国特色社会主义进入了新时代，中国人民将踏上新的历史征程。2018 年是贯彻落实习近平新时代中国特色社会主义思想和党的十九大精神的开局之年，是改革开放 40 周年，是决胜全面建成小康社会、实施“十三五”规划承上启下的关键一年。在此背景下召开的全国“两会”意义非凡，承载着全国人民的殷殷期待和对美好生活的向往，正式开启了中国发展的新征程。

一、过去五年工作回顾

过去五年，各地区各部门不断增强政治意识、大局意识、核心意识、看齐意识，深入贯彻落实新发展理念，“十二五”规划胜利完成，“十三五”规划顺利实施，经济社会发展取得了全方位、开创性的历史性成就，发生了深层次、根本性的历史性变革。

第一，坚持稳中求进工作总基调，着力创新和完善宏观调控，经济运行保持在合理区间、实现稳中向好。这些年，世界经济复苏乏力，国际金融市场跌宕起伏，保护主义明显抬头。我国经济发展中结构性问题和深层次矛盾凸显，经济下行压力持续加大，遇到不少两难多难抉择。面对这种局面，我国坚持不搞“大水漫灌”式强刺激，而是适应把握引领经济发展新常态，确立区间调控的思路和方式。采取既利当前更惠长远的举措，着力推进供给侧结构性改革，适度扩大总需求，推动实现更高层次的供需动态平衡，顶住了经济下行压力、避免了“硬着陆”，保持了经济中高速增长，促进了结构优化，经济长期向好的基本面不断巩固和发展。同时，我国坚持实施积极的财政政策和稳健的货币政策，妥善应对“钱荒”等金融市场异常波动，规范金融市场秩序，防范化解重点领域风险，守住了不发生系统性风险的底线，维护了国家经济金融安全。

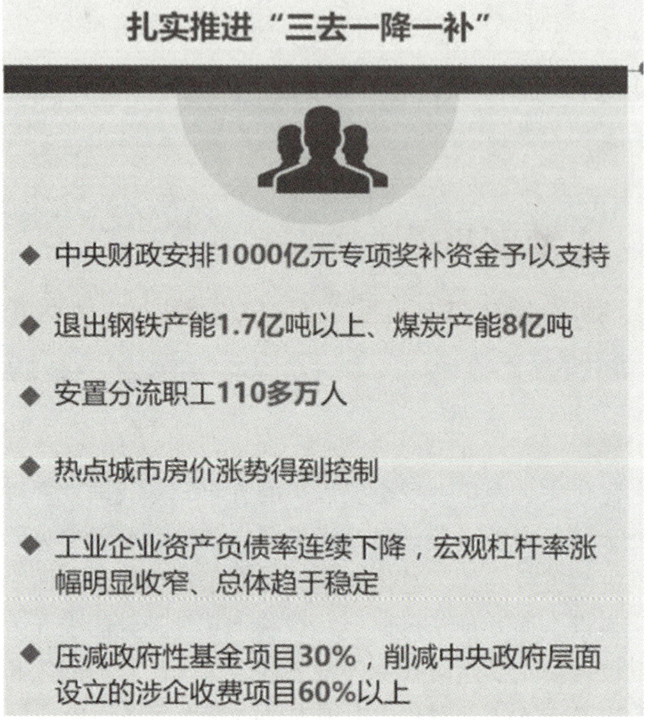

扎实推进“三去一降一补”

- 中央财政安排1000亿元专项奖补资金予以支持
- 退出钢铁产能1.7亿吨以上、煤炭产能8亿吨
- 安置分流职工110多万人
- 热点城市房价涨势得到控制
- 工业企业资产负债率连续下降，宏观杠杆率涨幅明显收窄、总体趋于稳定
- 压减政府性基金项目30%，削减中央政府层面设立的涉企收费项目60%以上

图 2-1　“三去一降一补”内容

第二，坚持以供给侧结构性改革为主线，着力培育壮大新动能，经济结构加快优化升级。紧紧依靠改革破解经济发展和结构失衡难题，大力发展新兴产业，改造提升传统产业，提高供给体系质量和效率。扎实推进“三去一降一补”，加快新旧发展动能接续转换，深入开展“互联网 + ”行动，实施“中国制造 2025”。出台现代服务业改革发展举措，服务新业态新模式异军突起，促进了各行业融合升级。深化农业供给侧结构性改革，新型经营主体大批涌现。优化投资结构，鼓励民间投资，发挥政府投资撬动作用，引导更多资金投向强基础、增后劲、惠民生领域。五年来，发展新动能迅速壮大，经济增长实现由主要依靠投资、出口拉动转向依靠消费、投资、出口协同拉动，由主要依靠第二产业带动转向依靠三次产业共同带动。

第三，坚持创新引领发展，着力激发社会创造力，整体创新能力和效率显著提高。实施创新驱动发展战略，优化创新生态，形成多主体协同、全方位推进的创新局面。扩大科研机构和高校科研自主权，改进科研项目和经费管理，深化科技成果权益管理改革。推进全面创新改革试验，支持北京、上海建设科技创新中心，新设 14 个国家自主创新示范区，带动形成一批区域创新高地。以企业为主体加强技术创新体系建设，涌现一批具有国际竞争力的创新型企业和新型研发机构。深入开展大众创业、万众创新，实施普惠性支持政策，完善孵化体系。国内有效发明专利拥有量增加两倍，技术交易额翻了一番。我国科技创新由跟跑为主转向更多领域并跑、领跑，成为全球瞩目的创新创业热土。

第四，坚持全面深化改革，着力破除体制机制弊端，发展动力不断增强。国企国资改革扎实推进，公司制改革基本完成，兼并重组、压减层级、提质增效取得积极进展。基本

放开利率管制，建立存款保险制度，推动大中型商业银行设立普惠金融事业部，深化政策性、开发性金融机构改革，强化金融监管协调机制。稳步推进教育综合改革，完善城乡义务教育均衡发展促进机制，改革考试招生制度。建立统一的城乡居民基本养老、医疗保险制度，实现机关事业单位和企业养老保险制度并轨。出台划转部分国有资本充实社保基金方案。实施医疗、医保、医药联动改革，全面推开公立医院综合改革，取消长期实行的药品加成政策，药品医疗器械审批制度改革取得突破。推进农村承包地“三权”分置改革、确权面积超过 80%，改革重要农产品收储制度。完善主体功能区制度，建立生态文明绩效考评和责任追究制度。各领域改革的深化，推动了经济社会持续健康发展。

第五，坚持对外开放的基本国策，着力实现合作共赢，开放型经济水平显著提升。倡导和推动共建“一带一路”，发起创办亚投行，设立丝路基金，一批重大互联互通、经贸合作项目落地。中国开放的扩大，有力促进了自身发展，给世界带来重大机遇。

第六，坚持实施区域协调发展和新型城镇化战略，着力推动平衡发展，新的增长极增长带加快成长。积极推进京津冀协同发展、长江经济带发展，编制实施相关规划，建设一批重点项目。出台一系列促进西部开发、东北振兴、中部崛起、东部率先发展的改革创新举措。加大对革命老区、民族地区、边疆地区、贫困地区扶持力度，加强援藏援疆援青工作。海洋保护和开发有序推进。实施重点城市群规划，促进大中小城市和小城镇协调发展。绝大多数城市放宽落户限制，居住证制度全面实施，城镇基本公共服务向常住人口覆盖。城乡区域发展协调性显著增强。

第七，坚持以人民为中心的发展思想，着力保障和改善民生，人民群众获得感不断增强。在财力紧张情况下，持续加大民生投入。全面推进精准扶贫、精准脱贫。实施积极的就业政策，重点群体就业得到较好保障。坚持教育优先发展。居民基本医保人均财政补助标准由 240 元提高到 450 元，大病保险制度基本建立，已有 1700 多万人次受益，异地就医住院费用实现直接结算，分级诊疗和医联体建设加快推进。持续合理提高退休人员基本养老金。实施全面两孩政策。强化基层公共文化服务，加快发展文化事业，文化产业年均增长 13%以上。全民健身广泛开展，体育健儿勇创佳绩。

拓展阅读一

始终把人民放在心中最高位置

“人民是真正的英雄”“坚持人民主体地位”“国家一切权力属于人民”……4000 多字的内容，84 次提到“人民”。习近平总书记在十三届全国人大一次会议上的讲话，赢得现场如潮的掌声，更激起回响、激发共鸣，焕发亿万人民的坚定信心和奋斗激情。

“始终要把人民放在心中最高的位置，始终全心全意为人民服务，始终为人民利益和幸福而努力工作”，习近平总书记深情讴歌我们伟大的人民、伟大的民族、伟大的民族精神，传递着人民领袖深厚的人民情怀。光荣属于人民、感情系于人民、力量源于人民、奋斗归于人民，习近平总书记对人民的尊崇和

热爱，宣示的是人民政党根本的政治立场，彰显的是中国共产党执政最大的政治优势，体现了“坚持人民主体地位”的马克思主义政党最高原则。

“波澜壮阔的中华民族发展史是中国人民书写的”，人民是历史的创造者；“把人民拥护不拥护、赞成不赞成、高兴不高兴、答应不答应作为衡量一切工作得失的根本标准”，人民是政绩的阅卷人；“让实现全体人民共同富裕在广大人民现实生活中更加充分地展示出来”，人民是奋斗的出发点；“每一个人都是新时代的见证者、开创者、建设者”，人民是时代的动力之源。习近平总书记的讲话，从世界观、价值观、方法论层面深刻揭示了“为了谁、依靠谁、我是谁”这一为民执政的重大理论和现实主题，全面阐释了为什么要始终坚持人民立场、怎样坚持人民主体地位的内在逻辑。

把人民放在心中最高的位置，这是铿锵的宣示，更是坚定的行动。今年全国两会上，修改宪法，目的是使我国宪法更好体现党和人民意志；机构改革，目的是让老百姓得到更多实惠；成立监察委，目的是确保权力真正为人民谋利益。这些重大政治议题、顶层制度设计，无不把人民利益作为最终价值指向。由此回溯党的十八大以来，普通人与日俱增的幸福感、获得感、安全感，为新时代写下温暖注脚，更兑现了我们党对全国人民的承诺。坚持“以人民为中心”这个根本思想，为“人民的美好生活”不懈奋斗，我们就能让全体中国人民和中华儿女在实现中华民族伟大复兴的历史进程中共享幸福和荣光。

人民是真正的英雄，中国巨轮劈波斩浪，需要激发蕴藏于亿万人民中的力量。长征路上的红军鞋与小岗村村民的红手印，淮海战役的小推车与当前创业创新的热潮，时代场景在变，但人民的奋斗不变、人民的精神不变、人民的力量不变。行百里者半九十，奋斗路上战犹酣。把蓝图变为现实，仍需攻克“娄山关”“腊子口”，奋力夺取新长征的胜利。越是在这样的时候，就越需要虚心向人民学习，倾听人民呼声，汲取人民智慧，始终发扬中华民族的伟大创造精神、伟大奋斗精神、伟大团结精神、伟大梦想精神，创造属于新时代的光辉业绩。

从嘉兴南湖上的一条小船，到承载着13亿多人民希望的巍巍巨轮，我们鲜红的党旗上始终铭刻着“人民”二字。乘着新时代的浩荡东风，在以习近平同志为核心的党中央带领下，全国人民一起撸起袖子加油干，就一定能书写下新时代中国特色社会主义事业的辉煌篇章。

（资料来源：《人民日报》，2018年3月22日）

第八，坚持人与自然和谐发展，着力治理环境污染，生态文明建设取得明显成效。树立绿水青山就是金山银山理念，以前所未有的决心和力度加强生态环境保护。重拳整治大气污染，重点地区细颗粒物（PM2.5）平均浓度下降30%以上。加强散煤治理，推进重点行业节能减排，71%的煤电机组实现超低排放。优化能源结构，煤炭消费比重下降8.1个百分点，清洁能源消费比重提高6.3个百分点。提高燃油品质，淘汰黄标车和老旧车2000多万辆。加强重点流域海域水污染防治，化肥农药使用量实现零增长。推进重大生态保护和修复工程，扩大退耕还林还草还湿，加强荒漠化、石漠化、水土流失综合治理。开展中

央环保督察，严肃查处违法案件，强化追责问责。积极推动《巴黎协定》签署生效，我国在应对全球气候变化中发挥了重要作用。

专家解读

3 月 17 日，环境保护部部长李干杰在十三届全国人大一次会议新闻中心就“打好污染防治攻坚战”相关问题回答中外记者提问时表示，自从 2015 年 4 月“水十条”发布以来，取得了很明显的成效。2017 年相比 2012 年，全国地表水的水质情况，好于 III 类水质所占比例提高了 6.3 个百分点，劣 V 类的水质比例下降了 4.1 个百分点。并强调，大气的问题难，水的问题解决起来更难，我们面临的任务更重。如何在打好攻坚战这个大战役里面，把蓝天保卫战打好打赢的同时，也要把水污染防治工作做好，把碧水保卫战这场战役打好打赢。李干杰表示，“水十条”的落实要围绕一个目标、坚持两手发力、突出四种水体、加快四项整治、强化四个支撑。按照这样的思路，我们把未来几年水污染防治工作做好，长江经济带在里面是重中之重。

第九，坚持依法全面履行政府职能，着力加强和创新社会治理，社会保持和谐稳定。提请全国人大常委会制定修订法律 95 部，制定修订行政法规 195 部，修改废止一大批部门规章。省、市、县政府部门制定公布权责清单。开展国务院大督查和专项督查，创新城乡基层治理，完善信访工作制度，扩大法律援助范围。促进安全生产领域改革发展，事故总量和重特大事故数量持续下降。改革完善食品药品监管，强化风险全程管控。加强地震、特大洪灾等防灾减灾救灾工作，健全分级负责、相互协同的应急机制，最大程度降低了灾害损失。加强国家安全。健全社会治安防控体系，依法打击各类违法犯罪，有力维护了公共安全。贯彻落实党中央全面从严治党部署，加强党风廉政建设和反腐败斗争，反腐败斗争压倒性态势已经形成并巩固发展。

过去五年，民族、宗教、侨务等工作创新推进。支持民族地区加快发展，民族团结进步事业取得长足进展。积极引导宗教与社会主义社会相适应。海外侨胞和归侨侨眷在国家现代化建设中做出了独特贡献。

过去五年，在党中央、中央军委领导下，强军兴军开创新局面。制定新形势下军事战略方针，召开古田全军政治工作会议，深入推进政治建军、改革强军、科技兴军、依法治军，人民军队实现政治生态重塑、组织形态重塑、力量体系重塑、作风形象重塑。有效执行海上维权、反恐维稳、抢险救灾、国际维和、亚丁湾护航、人道主义救援等重大任务。各方配合基本完成裁减军队员额 30 万任务。军事装备现代化水平显著提升，军民融合深度发展，军政军民紧密团结。人民军队面貌焕然一新，在中国特色强军之路上迈出坚实步伐。

过去五年，港澳台工作取得新进展。“一国两制”实践不断丰富和发展，宪法和基本法权威在港澳进一步彰显，内地与港澳交流合作深入推进，港珠澳大桥全线贯通，香港、澳门保持繁荣稳定。坚持一个中国原则和“九二共识”，加强两岸经济文化交流合作，实现两岸领导人历史性会晤。坚决反对和遏制“台独”分裂势力，有力维护了台海和平稳定。

过去五年，中国特色大国外交全面推进。成功举办首届“一带一路”国际合作高峰论坛、亚太经济合作组织领导人非正式会议、二十国集团领导人杭州峰会、金砖国家领导人厦门会晤等重大主场外交。习近平主席等国家领导人出访多国，出席联合国系列峰会、气候变化大会、世界经济论坛、东亚合作领导人系列会议等重大活动，全方位外交布局深入展开。倡导构建人类命运共同体，为全球治理体系变革贡献更多中国智慧。经济外交、人文交流卓有成效。坚定维护国家主权和海洋权益。中国作为负责任大国，在解决国际和地区热点问题上发挥了重要建设性作用，为世界和平与发展做出新的重大贡献。

二、2018 年经济社会发展总体要求和政策取向

做好政府工作，要在以习近平同志为核心的党中央坚强领导下，以马克思列宁主义、毛泽东思想、邓小平理论、“三个代表”重要思想、科学发展观、习近平新时代中国特色社会主义思想为指导，全面深入贯彻党的十九大和十九届二中、三中全会精神，贯彻党的基本理论、基本路线、基本方略，坚持和加强党的全面领导，坚持稳中求进工作总基调，坚持新发展理念，紧扣我国社会主要矛盾变化，按照高质量发展的要求，统筹推进“五位一体”总体布局和协调推进“四个全面”战略布局，坚持以供给侧结构性改革为主线，统筹推进稳增长、促改革、调结构、惠民生、防风险各项工作，大力推进改革开放，创新和完善宏观调控，推动质量变革、效率变革、动力变革，特别在打好防范化解重大风险、精准脱贫、污染防治的攻坚战方面取得扎实进展，引导和稳定预期，加强和改善民生，促进经济社会持续健康发展。

1. 2018 年的发展目标

综合分析国内外形势，我国发展面临的机遇和挑战并存。世界经济有望继续复苏，但不稳定不确定因素很多，主要经济体政策调整及其外溢效应带来变数，保护主义加剧，地缘政治风险上升。我国经济正处在转变发展方式、优化经济结构、转换增长动力的攻关期，需要应对可以预料和难以预料的风险挑战。中国的发展综合优势明显，有能力有条件实现更高质量、更有效率、更加公平、更可持续的发展。

今年发展的主要预期目标是：国内生产总值增长 6.5%左右；居民消费价格涨幅 3%左右；城镇新增就业 1100 万人以上，城镇调查失业率 5.5%以内，城镇登记失业率 4.5%以内；居民收入增长和经济增长基本同步；进出口稳中向好，国际收支基本平衡；单位国内生产总值能耗下降 3%以上，主要污染物排放量继续下降；供给侧结构性改革取得实质性进展，宏观杠杆率保持基本稳定，各类风险有序有效防控。

2018 年的主要预期目标，考虑了决胜全面建成小康社会的需要，符合我国经济已由高速增长阶段转向高质量发展阶段的实际。从经济基本面和就业吸纳能力看，6.5%左右的增速可以实现比较充分的就业。城镇调查失业率涵盖农民工等城镇常住人口，今年首次把这一指标作为预期目标，以更全面地反映就业状况，更好地体现共享发展要求。

今年要继续创新和完善宏观调控，把握好宏观调控的度，保持宏观政策的连续性、稳定性，加强财政、货币、产业、区域等政策协调配合。

积极的财政政策取向不变，要聚力增效。今年赤字率拟按 2.6%安排，比去年预算低 0.4 个百分点；财政赤字 2.38 万亿元，其中中央财政赤字 1.55 万亿元，地方财政赤字 8300 亿元。调低赤字率，主要是我国经济稳中向好、财政增收有基础，也为宏观调控留下更多的政策空间。今年全国财政支出 21 万亿元，支出规模进一步加大。中央对地方一般性转移支付增长 10.9%，增强地方特别是中西部地区财力。优化财政支出结构，提高财政支出的公共性、普惠性，加大对三大攻坚战的支持，更多向创新驱动、“三农”、民生等领域倾斜。当前财政状况出现好转，各级政府仍要坚持过紧日子，执守简朴、力戒浮华，严控一般性支出，把宝贵的资金更多地用于为发展增添后劲、为民生雪中送炭。

稳健的货币政策保持中性，要松紧适度。管好货币供给总闸门，保持广义货币 M2、信贷和社会融资规模合理增长，维护流动性合理稳定，提高直接融资特别是股权融资的比重。疏通货币政策传导渠道，用好差别化准备金、差异化信贷等政策，引导资金更多地投向小微企业、“三农”和贫困地区，更好地服务实体经济。

2. 做好 2018 年工作的要点

做好 2018 年工作，要认真贯彻习近平新时代中国特色社会主义经济思想，坚持稳中求进工作总基调，把稳和进作为一个整体来把握。

一是大力推动高质量发展。发展是解决我国一切问题的基础和关键。要着力解决发展不平衡不充分问题，围绕建设现代化经济体系，坚持质量第一、效益优先，促进经济结构优化升级。要尊重经济规律，远近结合，确保经济运行在合理区间，实现经济平稳增长和质量效益提高互促共进。

二是加大改革开放力度。改革开放是决定当代中国命运的关键一招，也是实现“两个一百年”奋斗目标的关键一招。在新的历史起点上，思想要再解放，改革要再深化，开放要再扩大。充分发挥人民首创精神，鼓励各地从实际出发，敢闯敢试，敢于碰硬，把改革开放不断向前推进。

三是抓好决胜全面建成小康社会三大攻坚战。要分别提出工作思路和具体举措，排出时间表、路线图、优先序，确保风险隐患得到有效控制，确保脱贫攻坚任务全面完成，确保生态环境质量总体改善。

要坚持以人民为中心的发展思想，从我国基本国情出发，尽力而为、量力而行，把群众最关切最烦心的事一件一件解决好，促进社会公平正义和人的全面发展，使人民生活随着国家发展一年比一年更好。

3. 2018 年政府工作的重点

2018 年经济社会发展任务十分繁重。要紧紧抓住大有可为的历史机遇期，统筹兼顾、突出重点，扎实做好各项工作。

一是深入推进供给侧结构性改革。坚持把发展经济着力点放在实体经济上，发展壮大新动能，加快制造强国建设；继续抓好“三去一降一补”，继续破除无效供给；深化“放管服”改革，进一步减轻企业税负，大幅降低企业非税负担，不断优化营商环境，进一步激发市场主体活力，提升经济发展质量。

二是加快建设创新型国家。把握世界新一轮科技革命和产业变革大势，深入实施创新驱动发展战略，不断增强经济创新力和竞争力。这就需要加强国家创新体系建设，落实和完善创新激励政策，促进大众创业、万众创新上水平。

三是深化基础性关键领域改革。以改革开放 40 周年为重要契机，推动改革取得新突破，不断解放和发展社会生产力。推进国资国企改革，国有企业要通过改革创新，走在高质量发展前列；支持民营企业发展，激发和保护企业家精神，增强企业家信心，让民营企业在市场经济浪潮中尽显身手；完善产权制度和要素市场化配置机制，用有力的产权保护、顺畅的要素流动，让市场活力和社会创造力竞相迸发；深化财税体制改革；加快金融体制改革；推进社会体制改革，深化养老保险制度改革，深化公立医院综合改革，深入推进教育、文化、体育等改革，充分释放社会领域巨大发展潜力；健全生态文明体制。

四是坚决打好三大攻坚战。要围绕完成年度攻坚任务，明确各方责任，强化政策保障，把各项工作做实做好。推动重大风险防范化解取得明显进展，严厉打击非法集资、金融诈骗等违法活动，进一步完善金融监管，防范化解地方政府债务风险。严禁各类违法违规举债、担保等行为；加大精准脱贫力度。今年再减少农村贫困人口 1000 万以上，完成易地扶贫搬迁 280 万人，确保进度和质量，让脱贫得到群众认可、经得起历史检验；推进污染防治取得更大成效。巩固蓝天保卫战成果，深入推进水、土壤污染防治，加强生态系统保护和修复，严控填海造地，严格环境执法。

五是大力实施乡村振兴战略。科学制定规划，推进农业供给侧结构性改革，多渠道增加农民收入，促进农村一二三产业融合发展；全面深化农村改革，健全城乡融合发展体制机制，依靠改革创新壮大乡村发展新动能；推动农村各项事业全面发展，坚持走中国特色社会主义乡村振兴道路，加快实现农业农村现代化。

六是扎实推进区域协调发展战略。完善区域发展政策，塑造区域发展新格局；推进基本公共服务均等化，逐步缩小城乡区域发展差距，提高新型城镇化质量。把各地比较优势和潜力充分发挥出来。

七是积极扩大消费和促进有效投资。顺应居民需求新变化扩大消费，增强消费对经济发展的基础性作用，推进消费升级，发展消费新业态新模式；着眼调结构增加投资，形成供给结构优化和总需求适度扩大的良性循环，发挥投资对优化供给结构的关键性作用。

八是推动形成全面开放新格局。进一步拓展开放范围和层次，完善开放结构布局和体制机制，以高水平开放推动高质量发展。推进“一带一路”国际合作，促进外商投资稳定增长，巩固外贸稳中向好势头，促进贸易和投资自由化便利化。

九是提高保障和改善民生水平。要在发展基础上多办利民实事、多解民生难事，着力促进就业创业，稳步提高居民收入水平，发展公平而有质量的教育，实施健康中国战略，更好解决群众住房问题，强化民生兜底保障，打造共建共治共享社会治理格局，为人民过上美好生活提供丰富精神食粮，不断提升人民群众的获得感、幸福感、安全感。

拓展阅读二

防止"一人大病、全家倒下"

新华网北京3月20日电："不让一个人患大病、全家都倒下。"面对记者有关"因病致贫"的提问，李克强总理的回答给人信心。常说病来如山倒，如何防止大病致贫、大病返贫，是一大民生难点。夯实大病保险等制度，兜底线、织密网，让优质医疗资源惠及更多人，方能筑牢健康防线。

4.2018年其他方面工作措施

一是政府自身建设方面，新时代要有新气象新作为，要牢固树立"四个意识"，坚定"四个自信"，坚决维护习近平总书记的核心地位，坚决维护党中央权威和集中统一领导，从全面推进依宪施政、依法行政，全面加强党风廉政建设，全面提高政府效能等三个方面，落实全面从严治党要求，加强政府自身建设，深入推进政府职能转变，为人民提供优质高效服务。

二是民族宗教侨务方面，强调要坚持和完善民族区域自治制度，全面贯彻党的民族政策，加强各民族交往交流交融；强调要全面贯彻党的宗教工作基本方针，坚持我国宗教的中国化方向；强调要认真落实侨务政策，维护海外侨胞和归侨侨眷合法权益，激励海内外中华儿女同心奋斗、共创辉煌。

三是国防和军队建设方面，要牢固确立习近平强军思想在国防和军队建设中的指导地位，坚持党对军队绝对领导的根本原则和制度，全面推进练兵备战工作，建设强大稳固的现代边海空防，完善国防动员体系，加强全民国防教育，深入实施军民融合发展战略，坚定不移走中国特色强军之路，坚决有力维护国家主权、安全、发展利益。

四是港澳台方面，强调要继续全面准确贯彻"一国两制"方针，全力支持香港、澳门特别行政区政府和行政长官依法施政，强化与祖国内地的交流合作，实现同发展、共繁荣；强调要继续贯彻对台工作大政方针，坚持一个中国原则，在"九二共识"基础上推动两岸关系和平发展，推进祖国和平统一进程。

五是外交方面，要始终不渝走和平发展道路，采取参与全球治理、办好论坛峰会、发挥解决国际和地区热点问题的负责任大国作用等方式手段，积极推动构建人类命运共同体。最后，号召更加紧密地团结在以习近平同志为核心的党中央周围，高举中国特色社会主义伟大旗帜，以习近平新时代中国特色社会主义思想为指导，为决胜全面建成小康社会、夺取新时代中国特色社会主义伟大胜利，做出新的更大贡献。

三、筑牢新时代宪法根基

2018年3月11日第十三届全国人民代表大会第一次会议通过了《中华人民共和国宪法修正案》，这是我国宪法发展史上的一座重要里程碑，是我国推进全面依法治国、推进国家治理体系和治理能力现代化的重大举措，具有重大现实意义和深远历史意义，为实现"两个一百年"奋斗目标和中华民族伟大复兴中国梦提供了有力的宪法保障，是中华民族伟大复兴进程中的历史性时刻。

1. 修宪的总体要求和原则

（1）坚持党对宪法修改的领导。党政军民学，东西南北中，党是领导一切的。党的十九大报告指出，必须把党的领导贯彻落实到依法治国全过程和各方面。而依法治国，首先就是依宪治国；依法执政的关键，也是依宪执政。我们把坚持党中央集中统一领导贯穿于宪法修改全过程，确保宪法修改的正确政治方向，确保依宪治国的社会主义法治性质，确保依宪执政的科学规范。我们增强“四个意识”，坚定“四个自信”，在党的领导下修改宪法、实施宪法，人民当家作主得以充分实现，国家和社会生活法治化得以有序推进，全面依法治国得以向纵深发展。

（2）严格依法按程序推进宪法修改。法者，天下之准绳也。宪法依准绳而修则国治，废规矩而建则国乱。历次宪法修改的实践深刻表明：只有切实严格依法，确保按程序进行，才能保证宪法修改真正符合宪法精神、真正符合依法治国的执政理念。“法律就是秩序，有良好的法律才有好的秩序。”制定法律、修改法律必须建立在遵守秩序程序的基础上。把宪法修正草案的提出、宪法修正草案的审定和表决、宪法修正案的公布等各个步骤的工作做扎实、做细致、做到位，是贯彻落实依法修宪精神，确保程序规范的总抓手。严格依法修宪，把我们党和人民在实践中取得的重大理论创新、实践创新、制度创新成果上升为宪法规定，更好地发挥宪法的规范、引领、推动、保障作用，这是建设新时代中国特色社会主义法治体系的重要保证。

（3）充分发扬民主，广泛凝聚共识。列宁曾言：“宪法就是一张写着人民权利的纸。”中华人民共和国宪法，以法律的形式确认了中国各族人民奋斗的成果，规定了国家的根本制度和根本任务，最大限度地凝聚了民意共识，体现了大多数人的理性。而宪法修改，要充分发扬民主，也是为了更好地保证广大人民的根本利益实现，不断提升人民获得感的“最大公约数”。新时代、新起点、新使命、新征程，我们始终坚持国家一切权力属于人民的宪法理念，进一步完善充分体现人民共同意志、充分保障人民民主权利、充分维护人民根本利益的宪法，让宪法的人民性得以充分彰显。

（4）坚持部分修改，确保宪法稳定。当代中国宪法制度的建立和发展，是我们党领导人民长期奋斗的历史逻辑、理论逻辑、实践逻辑的必然结果。“观时而制法，因事而制礼。”“法与时转则治，治与世宜则有功。”在保持宪法连续性、稳定性、权威性的基础上，推动宪法与时俱进、完善发展，是我国宪法发展的必由之路。从 1954 年我国第一部宪法诞生至今，我国宪法一直处在探索实践和不断完善过程中。1982 年宪法公布施行后，分别进行了 5 次修改。坚持“部分修改、不做大改”的精神一以贯之，使我国的立法质量稳步提高，以宪法为核心的社会主义法律体系逐步完善。宪法是国家的根本法，是治国安邦的总章程。宪法修改，立足稳定性，保证连续性，真正凸显出其至高无上的地位，真正为全党全国各族人民朝着中华民族伟大复兴的中国梦团结奋进，提供了坚实可靠的法治保障。

2. 宪法修改的主要内容及精神

此次宪法修改确立了科学发展观、习近平新时代中国特色社会主义思想在国家政治和社会生活中的指导地位，实现指导思想的与时俱进；调整完善了中国特色社会主义事业总体布局和第二个百年奋斗目标方面的内容；完善了全面依法治国和宪法实施方面的内容。

宪法序言第七自然段中“在马克思列宁主义、毛泽东思想、邓小平理论和‘三个代表’重要思想指引下”修改为“在马克思列宁主义、毛泽东思想、邓小平理论、‘三个代表’重要思想、科学发展观、习近平新时代中国特色社会主义思想指引下”；“健全社会主义法制”修改为“健全社会主义法治”；在“自力更生，艰苦奋斗”前增写“贯彻新发展理念”；“推动物质文明、政治文明和精神文明协调发展，把我国建设成为富强、民主、文明的社会主义国家”修改为“推动物质文明、政治文明、精神文明、社会文明、生态文明协调发展，把我国建设成为富强民主文明和谐美丽的社会主义现代化强国，实现中华民族伟大复兴”；宪法第二十七条增加一款，作为第三款：“国家工作人员就职时应当依照法律规定公开进行宪法宣誓。”

调整充实我国革命和建设发展历程的内容，调整完善了广泛的爱国统一战线和民族关系方面的内容。宪法序言第十自然段中“在长期的革命和建设过程中”修改为“在长期的革命、建设、改革过程中”；“包括全体社会主义劳动者、社会主义事业的建设者、拥护社会主义的爱国者和拥护祖国统一的爱国者的广泛的爱国统一战线”修改为“包括全体社会主义劳动者、社会主义事业的建设者、拥护社会主义的爱国者、拥护祖国统一和致力于中华民族伟大复兴的爱国者的广泛的爱国统一战线”；宪法序言第十一自然段中“平等、团结、互助的社会主义民族关系已经确立，并将继续加强。”修改为：“平等团结互助和谐的社会主义民族关系已经确立，并将继续加强。”

调整完善和平外交政策方面的内容、对外工作方面的大政方针。明确坚持和平发展道路，坚持互利共赢开放战略，推动构建人类命运共同体。宪法序言第十二自然段中“中国革命和建设的成就是同世界人民的支持分不开的”修改为“中国革命、建设、改革的成就是同世界人民的支持分不开的”；“中国坚持独立自主的对外政策，坚持互相尊重主权和领土完整、互不侵犯、互不干涉内政、平等互利、和平共处的五项原则”后增加了“坚持和平发展道路，坚持互利共赢开放战略”；“发展同各国的外交关系和经济、文化的交流”修改为“发展同各国的外交关系和经济、文化交流，推动构建人类命运共同体”。

充实坚持和加强中国共产党全面领导的有关内容。宪法第一条第二款“社会主义制度是中华人民共和国的根本制度”后增写一句为：“中国共产党领导是中国特色社会主义最本质的特征。”

增加国家倡导社会主义核心价值观方面的内容。宪法第二十四条第二款中“国家提倡爱祖国、爱人民、爱劳动、爱科学、爱社会主义的公德”修改为“国家倡导社会主义核心价值观，提倡爱祖国、爱人民、爱劳动、爱科学、爱社会主义的公德”。

此次宪法修改建议中，为适应深化国家监察体制改革的要求，完善制度，增加了与监察委员会有关的规定，这方面的规定在修正案中还增加了一节，同时在另外十个条款的11处做了相应的修改。国家监察体制改革是建立中国特色监察体系的创制之举，党中央从全面从严治党出发，将国家监察体制改革纳入全面深化改革总体部署，积极推进改革及试点工作并取得重要阶段性成效，在此基础上使改革实践成果成为宪法规定，具有坚实的政治基础、理论基础、实践基础和充分的法理支撑。监察委员会就是反腐败工作的机构，深化国家监察体制改革的一个重要目的，就是加强党对反腐败工作的统一领导。赋予监察委员会宪法地位，并明确其性质定位和职能职责，实现对所有行使公权力的公职人员监察全覆

盖，必将推动反腐败斗争深入发展，进一步增强人民群众对党的信心和信赖，厚植党执政的政治基础。

另外，此次宪法修正案还修改完善了全国人大专门委员会的有关规定，修改完善了国家主席任职任期方面的规定，在宪法中增加有关设区市的地方立法权等方面的内容。

3. 宪法修改为新时代中国特色社会主义提供宪法保障

宪法是国家的根本法，是国家各种制度和法律法规的总依据，是治国安邦的总章程，是党和人民意志的集中体现。宪法作为上层建筑，一定要适应经济基础的发展。任何国家都不可能制定一部一成不变、永远适用的宪法。随着中国特色社会主义进入新时代，社会主要矛盾、国家发展目标和发展战略等重大事项均发生了变化，对我国现行宪法做出适当修改是非常及时和必要的，符合宪法发展规律，也符合时代发展和实践需要。

这次修宪，为奋进新时代、筑梦新征程提供了宪法保障。中国特色社会主义进入新时代，这是我国发展新的历史方位。党的十九大在新的历史起点上，对新时代坚持和发展中国特色社会主义做出重大战略部署，提出了一系列重大政治论断，确立了习近平新时代中国特色社会主义思想在全党的指导地位，确定了新的奋斗目标，对党和国家事业发展具有重大指导和引领作用。根据新时代坚持和发展中国特色社会主义的新形势新实践，在总体保持我国宪法连续性、稳定性、权威性的基础上，对我国现行宪法做出适当的修改完善，把党和人民在实践中取得的重大理论创新、实践创新、制度创新成果通过国家根本法确认下来，使之成为全国各族人民的共同遵循，成为国家各项事业、各方面工作的活动准则，对于全面贯彻党的十九大精神、广泛动员和组织全国各族人民为夺取新时代中国特色社会主义伟大胜利而奋斗具有十分重大的意义。修宪是大势所趋、事业所需、党心民心所向，必将为新时代坚持和发展中国特色社会主义、实现“两个一百年”奋斗目标和中华民族伟大复兴的中国梦提供有力的宪法保障。

全党、全国人民要以这次宪法修改为契机，加强宪法实施和监督，深入推进科学立法、严格执法、公正司法、全民守法，在全党全社会大力弘扬宪法精神、社会主义法治精神，把依法治国、依宪治国工作提高到一个新水平，必将凝聚起奋进新时代、筑梦新征程的磅礴力量，推动中国特色社会主义事业在法治轨道上行稳致远。

另外，此次两会还通过了中共中央《关于深化党和国家机构改革的决定》和《深化党和国家机构改革方案》。改革后，除国务院办公厅外，国务院设置组成部门 26 个，国务院其他机构调整涉及 11 项。国务院正部级机构减少 8 个，副部级机构减少 7 个。机构改革表明了坚定不移推进改革的决定和信心，也表明改革的确已经进入了深水区。这次深化党和国家机构改革以加强党的全面领导为统领，以国家治理体系和治理能力现代化为导向，以推进党和国家机构职能优化协同高效为着力点，改革机构设置，优化职能配置，提高效率效能，为决胜全面建成小康社会、开启全面建设社会主义现代化国家新征程、实现中华民族伟大复兴的中国梦提供了有力的制度保障。同时，此次两会还选举产生了新一届国家机构领导人。

团结凝聚力量，实干创造未来。新时代非凡的 2018 年全国两会，新时代蓝图已绘就，新征程奋进正当时。全国各族人民应更加紧密地团结在以习近平同志为核心的党中央周围，高举中国特色社会主义伟大旗帜，以习近平新时代中国特色社会主义思想为指导，锐意进取，扎实工作，促进经济社会持续健康发展，为决胜全面建成小康社会、夺取新时代中国特色社会主义伟大胜利，为把我国建设成为富强民主文明和谐美丽的社会主义现代化强国、实现中华民族伟大复兴的中国梦做出新的贡献！

推荐阅读

1. 习近平：《在第十三届全国人民代表大会第一次会议上的讲话》，2018 年 3 月 20 日，新华网。
2. 《中华人民共和国宪法》，2018 年 3 月 21 日，新华网。
3. 《深化党和国家机构改革方案》，2018 年 3 月 22 日，新华网。
4. 《中华人民共和国监察法》，2018 年 3 月 26 日，新华网。

视频链接

人大代表热议国务院机构改革方案

专题三

峥嵘岁月　继往开来

——开启中国人民解放军强军兴军新征程

近年来，我国国防和军队建设阔步前进，取得了辉煌成就。站在新的历史起点上，国防和军队建设的使命崇高而神圣、责任重大而光荣。学习贯彻党的十九大精神，我们必须坚持以习近平新时代中国特色社会主义思想为行动指南，牢固确立习近平强军思想在国防和军队建设中的指导地位，坚定不移走中国特色强军之路，为实现国防和军队现代化、建设世界一流军队不懈奋斗。

国防和军队建设是国家安全的坚强后盾，习近平总书记在党的十九大报告中强调指出，我们的军队是人民的军队，我们的国防是全民国防。建设强大的国防和人民军队是我们党的不懈追求。没有一个巩固的国防，没有一支强大的军队，和平发展就没有保障，强国梦就难以真正实现。

一、人民军队是实现中华民族伟大复兴的战略支撑

1. 人民军队的宗旨与性质

中国人民解放军是中国共产党领导的无产阶级性质的新型人民军队，是中华人民共和国最主要的武装力量。中国人民解放军的宗旨是紧紧地和人民站在一起，全心全意地为人民服务。

（1）中国人民解放军是党的军队。这是由中国共产党和这支军队的性质决定的，是由中国革命的历史形成的。中国革命主要的斗争形式是武装斗争，主要的组织形式是军队。中国共产党在领导中国革命的武装斗争中，缔造了自己的军队。领导这支军队从小到大、由弱到强，在全国人民的支持下，夺取了全国政权。没有党的领导，没有党领导的这支军队，就没有中国革命的胜利。人民解放军作为党缔造和领导的无产阶级军队，是执行党所赋予的政治任务的武装力量。

（2）中国人民解放军是人民的军队。人民军队的性质是服务于人民、服务于国家的。人民军队的宗旨是紧紧地和人民站在一起，全心全意地为人民服务。来自人民，服务人民，与人民保持着不可分离的血肉联系，是这支军队的特色。为了切实保障人民的民主权利，必然要以人民解放军为坚强后盾。

（3）中国人民解放军是社会主义国家的军队。人民解放军不仅是党的军队、人民的军队，而且是社会主义国家的军队。军队作为国家机器的柱石发挥着巩固人民民主专政、服务国家的职能。保卫社会主义祖国，建设社会主义国家，是这支军队肩负的双重历史任务。

2. 人民军队是实现中华民族伟大复兴的战略支撑

（1）保障国家利益拓展离不开人民军队的战略支撑。中华民族的伟大复兴就是要到新中国成立 100 周年时中国成为中等发展国家。与之相适应，新时代新起点的国家安全需求也由保卫生存转变为保障发展，军队的功能也由本土防卫拓展为在更大地区和世界范围内发挥作用。中国坚持走和平发展的道路，中华民族的伟大复兴也需要和平的国际国内环境，这符合和平与发展的世界潮流，体现了历史的必然。当前，国际力量对比有利于保持世界形势总体稳定的大环境没有变，和平、发展、合作、共赢的时代潮流更加强劲。但天下还很不安宁，霸权主义、强权政治和新干涉主义有所上升，世界依然面临着现实和潜在的战争威胁。中国要在激烈的国际竞争中拓展自己的发展利益，就不能没有强大的人民军队。只有这样，才能保障国家利益拓展、促进世界的和平与发展。

（2）具有世界性影响的大国离不开人民军队的战略支撑。中国是一个具有世界性影响的地区性大国。作为一个大国，中国潜在的对手和可能面临的主要对手不是那些中小国家，而是在全球范围奉行霸权主义的强国，是对中国奉行遏制政策的世界大国。所以，中国军事能力的比照对象也应当以此为依据。中国要成为具有世界性影响的大国，至少需要能够在地区占有明显优势的军事力量，需要具备在世界其他一些地区发挥影响作用的军事力量，即在全球范围内具有一定的威慑能力。

（3）中华民族实现完全统一离不开人民军队的战略支撑。中华民族的伟大复兴当然包括国家的完全统一，实现祖国最终完全统一是海内外中华儿女的共同心愿。在国家统一问题上，中国政府一贯坚持“和平统一、一国两制”的基本方针，这是中国政府从两岸实际出发所做出的重大战略决策，符合两岸人民的根本利益。因此，中国必须拥有维护两岸和平发展、实现祖国完全统一的人民军队。要充分认识到，强大的人民军队是祖国统一的坚强后盾和战略支撑，也是军队建设的重要着力点，是任何形式实现国家统一的基础。

3. 建设巩固国防是我国现代化建设的战略任务

努力建设与我国国际地位相称、与国家安全和发展利益相适应的巩固国防和强大军队，是我国社会主义现代化建设的战略任务。我们的军队不仅要保卫传统的领土领海领空安全，而且要保护海洋、太空、网络、电磁空间等新型安全领域安全；不仅要维护国家安全利益，也要维护国家发展利益，做到国家利益延伸到哪里，军事力量就要达到哪里；不仅要维护自己国家的安全和发展利益，也要维护国际和地区的安全与稳定，为国际和地区提供公共安全产品。建设巩固国防和强大军队，是一项宏大的系统工程，必须埋头苦干，加紧完成机械化和信息化建设双重历史任务，缩小与军事强国的差距，为最终实现国防和军队现代化奠定更加坚实的基础。

二、坚定不移用习近平强军思想凝聚意志和力量

党的十九大强调，必须坚持走中国特色强军之路，全面贯彻习近平强军思想，贯彻新形势下军事战略方针。从党的十九大报告到新修改的党章，再到中央军委对全军提出的要求，均高度强调牢固确立习近平强军思想的指导地位。

1. 坚定不移高举强军兴军旗帜

建设强大的人民军队是我们党的不懈追求。党的十八大以来，以习近平同志为核心的党中央着眼于世情、国情与军情的深刻变化，鲜明地提出了建设一支听党指挥、能打胜仗、作风优良的人民军队是党在新形势下的强军目标，为强军兴军提出了新的目标要求。党在新形势下强军目标的提出，既坚持了我们党提出的军队建设目标不动摇，又适应了新形势新任务的需要与时俱进，是对我军建设目标任务做出的新概括、新定位。

2. 科学回答强军兴军的重大问题

进行伟大斗争，实现伟大梦想，须臾离不开科学理论的指导。在习近平强军思想的科学理论体系中，对当今世界和当代中国时与势的重大判断，是谋划推进国防和军队建设的基点；习近平强军思想构成了一个逻辑严密、内涵丰富、思想深邃的有机整体，深刻阐明了新的历史条件下国防和军队建设的历史方位、战略目标、使命任务、指导方针、强大动力、根本保证、科学方法等，为实现新时代党的强军目标，坚定不移走中国特色强军之路提供了科学指南，为引领强军兴军开创了新局面。

3. 实现党的军事指导理论新飞跃

习近平强军思想是新时代中国特色社会主义理论体系的“军事篇”，是党的军事指导理论走进新时代的最新创造与最新成果。习近平强军思想的创立，为马克思主义军事理论中国化增添了新的时代内容，把对中国特色现代军事力量建设与运用内在机理的认识提高到了一个新高度，把我们党对强军兴军实施筹划与指导的战略能力提高到一个新境界，实现了党的军事指导理论创新发展的新飞跃，具有重大的理论创新价值和实践指导意义。

三、坚持走中国特色强军之路，全面推进国防和军队现代化

坚持走中国特色强军之路。强军道路是强军之本、强军之纲。党的十八大以来，我们党着眼于实现中国梦强军梦，制定新形势下军事战略方针，全力推进国防和军队现代化。召开古田全军政治工作会议，恢复和发扬我党我军光荣传统和优良作风，人民军队政治生态得到有效治理。国防和军队改革取得历史性突破，形成军委管总、战区主战、军种主建新格局，人民军队组织架构和力量体系实现革命性重塑。加强练兵备战，有效执行海上维权、反恐维稳、抢险救灾、国际维和、亚丁湾护航、人道主义救援等重大任务，武器装备加快发展，军事斗争准备取得重大进展。中国特色强军之路的形成是一个过程，党的十九大后继续不断适应新形势、应对新挑战、解决新问题，在实践上大胆探索，在理论上勇于突破，不断丰富和发展新时代党的强军思想，人民军队在中国特色强军之路上迈出坚定步伐。

1. 新时代强军形态

富强民主文明和谐美丽是社会主义现代化的基本内涵，强军必然要以一定的形态存在和出现，这就是军事理论形态、军队组织形态、军事人员形态、武器装备形态的现代化。习近平主席在党的十九大报告中第一次明确提出国防和军队“四个现代化”，赋予国防和军队现代化全新的内涵。

2. 新时代强军进程

党的十九大着眼于国家安全和发展战略全局，对国防和军队现代化做出战略安排。第一步确保到 2020 年基本实现机械化，信息化建设取得重大进展，战略能力有大的提升。第二步力争到 2035 年基本实现国防和军队现代化。第三步力争到本世纪中叶把人民军队全面建成世界一流军队。党的十九大提出国防和军队“新三步走”的战略安排，是党在新时代推进国防和军队建设的科学设计，是部队各级谋划部署开展工作的根本遵循。

3. 新时代强军目标

党的十九大报告明确指出，党在新时代的强军目标是建设一支听党指挥、能打胜仗、作风优良的人民军队，把人民军队建设成为世界一流军队。

（1）建设一支听党指挥能打胜仗作风优良的人民军队。听党指挥是灵魂，决定军队建设的政治方向。人民军队是党缔造的，一诞生便与党紧紧联系在一起，始终在党的绝对领导下行动和战斗。我们党是马克思主义政党，是全心全意为人民服务的政党，只有坚持党对军队的绝对领导，才能从根本上保证人民军队的性质。坚持党对军队的绝对领导必须全面贯彻党领导人民军队的一系列根本原则和制度，确立新时代党的强军思想在国防和军队建设中的指导地位。

能打胜仗是核心，反映军队的根本职能和军队建设的根本指向。军队首先是战斗力，是为打胜仗而存在的。新形势下人民军队的使命不断拓展，但作为军队，其战斗力的根本职能始终没有变。要牢记，能打仗、打胜仗是强军之要。要牢固树立战斗力这个唯一根本标准，坚持把战斗力标准贯穿到军队建设全过程和各方面，坚持把提高战斗力作为全军各项建设的出发点和落脚点。

作风优良是保证，关系军队的性质、宗旨、本色。作风优良是人民军队的鲜明特色和政治优势。在长期实践中，人民军队培育和形成了一套光荣传统和优良作风，把这些宝贵精神财富一代代传下去，关系军队建设全局，关系军队形象和战斗力建设。

听党指挥、能打胜仗、作风优良，三者相互联系、密不可分，统一于建设强大人民军队的实践，体现了坚持根本建军原则、军队根本职能、特有政治优势的高度统一，体现了永远站在人民立场、捍卫人民根本利益的本质要求。

（2）把人民军队建设成为世界一流军队。世界一流军队，意味着拥有制胜打赢的强大战斗力。习近平主席深刻总结中国近代以来落后挨打、弱军失败的沉痛教训，敏锐把握当今世界军事技术和战争形态出现的革命性变化，清醒认识我军建设存在的差距和不足、矛盾和问题，鲜明地提出党在新时代的强军目标，为新形势下国防和军队建设指明了方向。建设强大的人民军队，是我们党的不懈追求。当今世界，各主要国家纷纷加快军事变革，

抢占军事战略制高点，争夺国际军事竞争新优势。我军现代化水平与国家安全需求相比差距还很大，与世界先进军事水平相比差距还很大。建设世界一流军队作为强军目标的提出，明确了人民军队建设的核心内涵和标准尺度。

4. 新时代强军布局

习近平主席准确判断国际国内形势，科学统筹发展稳定大局，制定新形势下军事战略方针，构建以政治建军、改革强军、科技兴军、依法治军为支撑的强军布局，开创了强军兴军事业新局面。

（1）坚持政治建军不松动，铸牢强军之魂。政治建军是人民军队的建军之本，是我军鲜明的政治优势。历史昭示我们，人民军队从胜利走向胜利，根本在于中国共产党的正确领导，在于党的军事指导理论的武装和为理想信念而英勇献身的崇高追求。坚持党对军队的绝对领导，用马克思主义政党的先进思想武装官兵，是政治建军的灵魂，是人民军队特有的政治优势。政治建军决定世界一流军队的性质，确定世界一流军队的方向，塑造世界一流军队的魂魄，是我军从胜利走向胜利的根本法宝。

（2）坚持改革强军不松劲，锻造强军之骨。改革强军，是设计和重塑军队未来的战略之举。适应世界新军事革命的发展要求，大力推进改革强军，设计和塑造军队未来，谋的是民族复兴伟业，布的是富国强军大局，立的是安全与发展之基。坚定不移深化国防和军队改革，就是要深入解决制约国防和军队建设的体制性障碍、结构性矛盾、政策性问题，完善和发展中国特色社会主义军事制度。

（3）坚持科技兴军不松懈，厚植强军之翼。科技创新是转变军队战斗力生成模式的重要引擎，是抢占军队现代化制高点的根本举措。创新能力是一支军队的核心竞争力，也是生成和提高战斗力的加速器，必须建设创新型人民军队，从主要依靠数量规模转向创新驱动，全力增强创新对于强军兴军的推动力度，着力提高创新对于战斗力、制胜力增长的贡献程度，系统培塑创新对于国防建设质量、军队运行效率的促进功能。

（4）坚持依法治军不松弛，夯实强军之基。夯实世界一流军队之基，深入推进依法治军、从严治军，是我军治军方式的一场深刻变革。军队越是现代化，越是信息化，越是要法治化。推进强军伟业，必须深入推进依法治军，夯实强军之基，用铁的纪律凝聚铁的意志、锤炼铁的作风、锻造铁的队伍。任何时候任何情况下都要一切行动听指挥、步调一致向前进。厉行法治、严肃军纪，是治军带兵的铁律，是建设强大军队的基本规律。

5. 新时代强军兴军新标准

军队是要准备打仗的，一切工作都必须坚持战斗力标准，向能打仗、打胜仗聚焦。这为人民军队立起了备战打仗的鲜明导向。战斗力标准是现代标准，战斗力是历史的、具体的，战争形态不同，战斗力的内涵和标准也就不同。党的十九大报告明确提出，扎实做好各战略方向军事斗争准备，统筹推进传统安全领域和新型安全领域军事斗争准备，发展新型作战力量和保障力量，开展实战化军事训练，加强军事力量运用，加快军事智能化发展，提高基于网络信息体系的联合作战能力、全域作战能力，有效塑造态势、管控危机、遏制战争、打赢战争。这意味着战斗力标准已经具体化，战斗力标准是竞争标准，正如习近平主席在党的十九大报告中所说："我们绝不允许任何人、任何组织、任何政党、在任何时候、以任何形式、把任何一块中国领土从中国分裂出去!"这就是以人民军队打赢战争的能力为底气的。

6. 新时代强军兴军新路径

更加注重聚焦实战，更加注重创新驱动，更加注重体系建设，更加注重集约高效，更加注重军民融合。习近平主席提出“五个更加注重”的军队建设发展战略指导，指明了强军兴军的基本路径。

（1）聚焦实战标定资源指向。更加注重聚焦实战，把全部心思向打仗聚焦，使各项工作向打仗用劲。坚持战斗力这个唯一的根本标准，坚决纠正同实战要求不符的一切思想和行为，确保部队建设发展经得起实战检验。强化作战需求牵引，把作战需求搞准搞透，以需求牵引规划，以规划主导资源配置。

（2）创新驱动提供新型动力。更加注重创新驱动，全力增强创新对于强军兴军的推动力度，把创新摆在军队建设发展全局的核心位置，着力提高创新对于战斗力、制胜力增长的贡献程度，推进军事理论、技术、组织、管理、文化等各方面创新，培养集聚一大批高素质创新型军事人才。

（3）体系建设注重总体效应。更加注重体系建设，以对作战体系的贡献率为标准推进各项建设，全面提高我军体系作战能力，把各种作战力量、作战单元、作战要素融合为一个有机整体，在提高新质战斗力上下功夫，努力打造以精锐作战力量为主体的军事力量体系。

（4）集约高效提高强军效率。更加注重集约高效，加快推进以效能为核心的军事管理革命，健全以精准为导向的管理体系，精准谋划、精准规划、精准部署、精准落实、精准检验，提高国防和军队发展精准度，在构建新型军事管理体制上迈出实质性步伐。

（5）军民融合扩展发展土壤。更加注重军民融合，促进国家战略竞争力、社会生产力、军队战斗力的耦合关联，加深国防经济和社会经济、军用技术和民用技术的融合程度，加快形成全要素、多领域、高效益的军民深度融合发展格局，促进经济建设和国防建设协调发展、平衡发展、兼容发展，加快把军队建设融入经济社会发展体系。

拓展阅读一

看懂悟透强军兴军“大棋局”

国防大学政治学院　古琳晖

兵者，国之大事，死生之地，存亡之道，不可不察也。党的十八大以来，习近平主席对国防和军队建设高度重视、亲抓实抓，着眼中华民族伟大复兴这个最高利益，立足国家安全和发展战略全局，围绕强军兴军做出一系列重要论述，提出一系列重大战略思想、重大理论观点、重大决策部署，为在新的历史起点全面推进国防和军队建设提供了科学指南。

兵事如弈棋。在世界发生前所未有之大变局、我国处于由大向强迈进的关键当口，习近平主席胸怀全局，深谋远虑，强调以党在新形势下的强军目标为引领，深入推进政治建军、改革强军、科技兴军、依法治军，带领全军官兵接续奋斗开启强军兴军新征程，勠力同心开创强军兴军新局面。

政治建军定大局，牢铸军魂旗帜高扬。……基于对历史和现实的深入思考，

习近平主席亲自决策到古田召开全军政治工作会议。古田是我们党确立思想建党、政治建军的地方，是我军政治工作奠基的地方，是新型人民军队定型的地方。在这方“圣地”召开这次“盛会”，习近平主席鲜明确立了军队政治工作的时代主题——紧紧围绕实现中华民族伟大复兴的中国梦，为实现党在新形势下的强军目标提供坚强政治保证。在政治建军大方略的指引下，“生命线”不断焕发“生命力”，“绝对忠诚、绝对纯洁、绝对可靠”让党对军队绝对领导的根脉扎得更深。

改革强军开新局，整体重塑浴火重生。2015年11月24日，中央军委改革工作会议在北京召开，习近平主席郑重发出全面实施改革强军战略、坚定不移走中国特色强军之路的伟大号召，人民军队历史上这场划时代的整体性、革命性变革，从“脖子以上”开始了。……改革号角嘹亮吹响，改革措施次第展开，实现了人民军队组织形态的整体性重塑，迈出了构建中国特色军事力量体系的历史性步伐，人民军队体制一新、结构一新、格局一新、面貌一新。

科技兴军布奇局，弯道超车勇立潮头。……习近平主席就推进科技兴军做出了系统的深刻阐述和清晰的战略擘画。随着国家科技创新能力的不断突破和跃升，我军武器装备建设实现了跨越式发展，一批新型信息化作战平台、电子对抗装备陆续列装，信息化条件下体系作战能力不断提升。

依法治军破难局，纲纪严明铁规发力。……2014年10月，党的十八届四中全会召开，在进行治国理政的“顶层设计”上，首次把依法治军、从严治军纳入依法治国总体布局，上升为党和国家的意志。抓住要害，扎紧依法治军、从严治军的“铁笼子”。……深入推进依法治军、从严治军，使人民军队治军方式发生深刻变革，党委依法决策、机关依法指导、部队依法行动、官兵依法履职的良好局面日益形成。

备战打仗谋胜局，矢志锻造精兵劲旅。……在习近平主席的擘画指挥下，全军牢固树立战斗力这个唯一的根本的标准，全部心思向打仗聚焦，各项工作向打仗用劲。……聚焦备战打仗，全军将士当兵打仗、带兵打仗、练兵打仗的思想行动更加自觉，人民军队召之即来、来之能战、战之必胜的核心能力显著提升。

……今天，我们比历史上任何时期都更接近中华民族伟大复兴的目标，比历史上任何时期都更需要建设一支强大的人民军队。站在新的历史起点上，我们更加深切地感受到，中华民族实现伟大复兴，中国人民实现更加美好生活，必须加快把人民军队建设成为世界一流军队。这是我们继续取得新的“历史性突破”的目标和方向，我们要有这样的自信和担当！

（资料来源：中国军网，2017年9月25日）

（专家简介：古琳晖，国防大学政治学院教授、博士生导师，军事学博士。全军“中国人民解放军史专家库”成员，中国中共文献研究会朱德思想生平研究分会理事，江苏省中国特色社会主义理论体系研究中心特约研究员。）

拓展阅读二

深刻理解把握习近平强军思想的指导地位

国防大学原马克思主义教研部副主任　马占魁

习近平强军思想是强军实践经验的智慧结晶。……5年来，在习近平强军思想的指导下，人民军队政治生态得到有效治理，组织架构和力量体系实现革命性重塑，军事斗争准备取得重大进展，在中国特色强军之路上迈出坚定步伐。习近平强军思想就是这一系列强军实践的理论结晶，是新时代人民军队最宝贵的精神财富。

习近平强军思想有着丰富而深刻的思想内涵。习近平强军思想，是一个主题鲜明、逻辑严密的科学军事理论体系。这一思想，精准回应了中华民族走近世界舞台中心的使命召唤，深刻回答了实现党在新时代的强军目标、把人民军队建设成为世界一流军队的重大问题，充分反映了全党全军和全体中华儿女强国强军的殷切期盼；它贯穿强军目标的思想魂魄和逻辑主线，与时俱进发展党的军事战略指导，创造性地把军事斗争准备的基点放在打赢信息化局部战争上，明确了统揽军事力量建设和运用的总纲；它将新发展理念运用于国防和军事领域，强调更加注重聚焦实战，更加注重创新驱动，更加注重体系建设，更加注重集约高效，更加注重军民融合，确立了军队建设发展的战略指导；它坚持统筹推进政治建军、改革强军、科技兴军和依法治军，强调聚焦备战打赢锻造精兵劲旅，明确了强军战略布局和军队的根本职能、军队建设的根本指向；它要求深入推进军民融合，构建一体化的国家战略体系和能力，坚实了强军兴军的战略依托。

习近平强军思想开创了中国军事理论和实践的新境界。它把辩证唯物主义和历史唯物主义的世界观方法论同当代中国加强国防和军队建设的客观实际与时代特征结合起来，把马克思主义关于战争和军事问题的基本观点同新的战争形态与制胜机理结合起来，把我们党一以贯之的建军治军指导思想和方针原则与创新发展军事战略指导的时代需求结合起来，提出一系列新思想新观点新论断新要求，使马克思主义军事理论中国化时代化上升到一个全新的高度。

（资料来源：《光明日报》，2017年11月13日）

拓展阅读三

习近平强军思想是当代中国最鲜活的马克思主义军事理论

党的十八大以来，习近平主席着眼于实现中华民族伟大复兴的中国梦，立足国家安全和发展战略全局，围绕国防和军队建设做出一系列重要论述，深刻

阐明了国防和军队建设带有根本性方向性全局性的重大问题，形成新时代党的强军思想，也就是习近平强军思想这一党的军事指导理论最新成果。习近平强军思想具有鲜明的马克思主义理论品格，闪耀着辩证唯物主义和历史唯物主义的真理光芒。学习领悟习近平强军思想理论品格，对于准确理解其思想精髓和精神实质，深刻把握蕴含其中的政治智慧、理论勇气和思维特质，进而推进强军兴军事业，具有重要意义。

（资料来源：姜铁军、颜晓峰、苗润奇：《强军兴军的时代引领：习近平强军思想》，《军事历史》，2017（11））

拓展阅读四

中国人民解放军建军90周年阅兵

90年来，人民军队在党的旗帜下前进，形成了一整套建军治军原则，发展了人民战争的战略战术，培育了特有的光荣传统和优良作风。人民军队从胜利走向胜利，彰显了中国共产党领导的伟大力量，彰显了理想信念的伟大力量，彰显了改革创新的伟大力量，彰显了战斗精神的伟大力量，彰显了革命纪律的伟大力量，彰显了军民团结的伟大力量。习近平总书记概括的“六个伟大力量”，为人民军队从胜利走向胜利、谱写强国强军更为辉煌的篇章提供了思想指引和行动指南。

（资料来源：《论习近平主席在庆祝建军九十周年大会上的重要讲话》，《人民日报》，2017年8月3日）

拓展阅读五

中国军队的“朋友圈”越来越大

5年来，中国军队和其他各行各业一样，在发展和建设方面取得了历史性的成就。第一，中国军队的“朋友圈”，一个全方位的国际军事合作新格局已经逐渐建立。第二，和外国军队之间的相互了解和互信不断加深，目前我国已经与28个国家和国际组织建立了防务战略磋商机制，加强了战略互信，促进了政策沟通。第三，国际军事合作的内容和形式越来越丰富。比如军舰互访、双边和多边的联演联训联赛、人员培训合作、装备技术交流等。第四，我们在进行国际军事交流过程中越来越注重维权。第五，中国军队的大国担当体现得越来越明显。第六，中国军队发出的声音越来越洪亮，通过国防部新闻发言人团队，讲好中国军队故事，传递中国军队声音，把我们的军队和外界、和民众拉得更近了。中国军队在联合国维和行动中发挥了积极作用。

（资料来源：《强军兴军开创新局面》，《人民日报》，2017年10月23日）

拓展阅读六

这是人民军队历史上值得铭记的一页

2014 年 10 月 31 日，中共中央总书记、国家主席、中央军委主席习近平专程来到福建省上杭县古田镇，出席正在这里召开的全军政治工作会议。

习近平同志带领中央军委全体成员和会议代表，一起重温我党我军光荣历史和优良传统，接受思想启迪和精神洗礼，引领开创新形势下军队政治工作创新发展的新局面。

习近平深刻指出："坚持从思想上政治上建设部队，是我军建设的一条基本原则，是能打仗、打胜仗的政治保证。过去我们是这么做的，现在也必须这么做。"新形势新任务要求人民军队把思想政治建设抓得更加扎实有效，永葆人民军队性质、本色、作风，确保我军永远立于不败之地。

（摘自《在古田会议光芒照耀下继续前进——习近平主席出席全军政治工作会议侧记》，新华网，2014 年 11 月 2 日）

拓展阅读七

习近平总书记给南开大学 8 名新入伍大学生的回信

阿斯哈尔·努尔太等同学：

你们好！我看了来信，得知你们怀揣着从军报国的理想，暂别校园、投身军营，你们的这种志向和激情，让我感到很欣慰。

自古以来，我国文人志士多有投笔从戎的家国情怀。抗战时期，许多南开学子就主动奔赴沙场，用鲜血和生命诠释了爱国、奉献的精神内涵。如今，你们响应祖国召唤参军入伍，把爱国之心化为报国之行，为广大有志青年树立了新的榜样。

希望你们珍惜身穿戎装的机会，把热血挥洒在实现强军梦的伟大实践之中，在军队这个大舞台上施展才华，在军营这个大熔炉里淬炼成钢，书写绚烂、无悔的青春篇章。

习近平

2017 年 9 月 23 日

（摘自《习近平总书记给南开大学 8 名新入伍大学生的回信》，新华网，2017 年 9 月 25 日）

拓展阅读八

打响军队挖根除弊、正本清源的攻坚战

郭伯雄、徐才厚作为党和军队高级领导干部，本应一心为党、以身许党，却胡作非为、祸党乱军，其案件涉及人员之多、流毒影响之深，甚为罕见。这

说明，过去部队政治生态已被污染恶化！

习近平主席深刻指出郭伯雄、徐才厚案件性质的“五个极大危害”，鲜明提出思想认识、组织领导、具体落实“三个到位”和除恶务尽、不留隐患的要求，给全军肃清工作定盘定调、把关把向。

中央军委及时下发查处郭伯雄、徐才厚案件及其教训的通报，召开全军各大单位和军委机关各部门党委书记专题会议，制定肃清工作《意见》《工作措施》，推动肃清工作往深里走、往实里落。全军各级紧密结合部队实际，持续从思想、政治、组织、作风、体制、信息6个方面肃清流毒影响，突出打好思想清理、组织清理两场硬仗，围绕重大是非问题开展讨论辨析，对高级领导干部和重要关键岗位干部进行政治考察，严肃稳慎地甄别处理有关人员……

（摘自《五年来习主席领导军队党风廉政建设和反腐败斗争的壮阔实践》，中国军网，2017年8月26日）

推荐阅读

1. 中共中央宣传部：《习近平总书记系列重要讲话读本》，学习出版社、人民出版社，2016年版。
2. 何毅亭主编：《以习近平同志为核心的党中央治国理政新理念新思想新战略》，人民出版社，2017年版。
3. 《习主席国防和军队建设重要论述读本（2016年版）》，解放军出版社，2016年版。
4. 《习近平论强军兴军》，解放军出版社，2017年版。

视频链接

大国强军梦

专题四

增速换挡　稳中求进

——中国经济转向高质量发展

随着经济增速保持在合理区间的韧性增强，中国经济工作的重心应从“稳增长”为主转向“高质量发展”为主。

2017 年，中国经济趋稳向好的态势更加巩固。经济运行保持在合理区间，全年经济增速小幅回升至 6.9%，是自 2011 年以来的首次回升。结构调整不断深化，最终消费和服务业对经济增长的贡献提升。新旧动能加快转换，产能利用率上升，企业盈利水平提高，质量和效益改善，经济发展的活力和韧性增强。展望 2018 年，中国经济转向高质量发展的条件进一步积累，同时也面临新的挑战和风险。我们要坚持稳中求进的工作总基调，坚持以供给侧结构性改革为主线，按照高质量发展要求，统筹推进稳增长、促改革、调结构、惠民生、防风险各项工作，打好防范化解重大风险、精准脱贫、污染防治三大攻坚战，促进经济持续健康发展。

一、2017 年：转向高质量发展迈出积极步伐

2017 年，在供给侧结构性改革深入推进、需求管理政策效应逐步释放和市场预期明显改善的综合作用下，加之全球经济稳步复苏，中国经济趋稳向好的态势更加巩固，经济增长的结构、质量、效益积极变化，转向高质量发展迈出新步伐。

1. 经济运行稳定性增强

经济增速保持在合理区间，就业保持平稳态势，物价保持总体稳定，国际收支继续改善，货物和服务净出口对经济增长的贡献由负转正。总体上看，宏观经济主要指标好于预期，经济增速、就业、物价、国际收支等指标更趋匹配，已逐步调整至与中高速增长潜力相适应的水平。

2. 结构调整不断深化

消费对经济增长的主导作用增强，服务业占比提高，货物和服务净出口对经济增长的贡献由负转正。消费贡献率上升、服务业占比提高、外需结构改善，对中国转向高质量发展具有基础性作用。

3. 发展动能加快转换

新技术、新产业、新业态、新模式迅猛发展。C919 大飞机、“复兴号”“华龙一号”、

量子通信等新技术迅速崛起，分享经济、共享经济、数字经济、平台经济等加快发展。科技创新和技术扩散加快，推动全要素生产率增速保持了 2015 年以来的回升态势，扭转了金融危机后的下行局面。

4. 质量和效益明显改善

在供给侧结构性改革的推动下，企业对中高速增长的市场环境适应性增强，盈利能力和利润状况明显改善。居民人均可支配收入保持较快增长态势，财政收入增速由降转升，生态文明建设力度空前，生态环境状况明显好转。

5. 防范金融风险初现成效

加大监管力度、整治金融乱象、补齐制度短板、去杠杆取得进展，金融“脱实向虚”得到初步扭转。地方政府不规范举债受到约束，“名股实债”、违规担保、表外融资的现象有所收敛。金融监管协调性和穿透性增强，监管套利乱象减少，同业业务、影子银行、资管理财快速膨胀的势头得到遏制。各方面风险防范意识得到强化，“刚性兑付”和“隐性担保”的市场预期正在改变，为深化供给侧结构性改革创造了有利条件。

在趋稳向好的态势更加巩固、质量和效益得到改善的同时，也要看到，受深层次体制性因素影响，经济运行仍面临新的矛盾和风险。

一是实体经济仍面临困难。实体经济企业盈利水平虽有较大提升，但投资效益偏低、营商成本偏高、企业活力不足的问题仍较为突出。

二是民间投资增势疲弱，受传统产业产能过剩、部分领域准入存在隐性障碍、鼓励民间投资政策落实不到位和产权保护制度不健全等因素影响较大。

三是潜在金融风险释放压力仍然较大。金融风险积累的根源在于宏观杠杆率上升过快。2017 年四季度以来宏观杠杆率增速放缓，很大程度上受益于名义 GDP 的上升，去杠杆的基础仍不牢固，依靠债务驱动的投资扩张模式尚未根本扭转，金融和实体经济、金融和房地产、金融体系内部结构性失衡仍然突出，监管力度稍有放松，杠杆率就有可能再度反弹。

从决胜全面建成小康社会的要求看，脱贫攻坚的任务仍然艰巨，污染防治的压力仍然较大。在这种情况下，最重要的就是保持战略定力，坚持稳中求进总基调，坚持问题导向，坚持底线思维，有效应对风险挑战，推动高质量发展不断取得新进展。

专家解读

我国经济已由高速增长阶段转向高质量发展阶段，正处在转变发展方式、优化经济结构、转换增长动力的攻关期。今后的经济发展，必须按照党的十九大报告所强调的，坚持质量第一、效益优先，以供给侧结构性改革为主线，推动经济发展质量变革、效率变革、动力变革，提高全要素生产率，从而为不断增强我国经济创新力和竞争力、实现“两个一百年”奋斗目标构筑坚实基础。

——高惺惟（中央党校经济学部教授）

二、2018 年：高质量发展的条件进一步积累

展望 2018 年，全球经济延续回暖态势，国际经济环境继续改善。中国经济发展面临一系列新机遇，高质量发展的条件进一步积累，但受基础设施和房地产投资回调等因素影响，经济增速将面临小幅回调压力。

1. 全球经济延续复苏态势

2017 年，受投资、贸易和工业生产回升的拉动，全球经济增长覆盖范围更加广泛，复苏步伐明显加快，是近年来表现最好的一年。根据国际货币基金组织数据，全球经济增长 3.7%，约 120 个经济体（占全球经济总量的四分之三）同比增速都出现上升，这是自 2010 年以来从未有过的同步上扬，欧洲和亚洲地区复苏更为明显。2018 年，全球经济将延续复苏态势。国际货币基金组织 2018 年 1 月发布的预测，将 2018—2019 年的全球经济增长预测较 2017 年 10 月的预测值调高 0.2 个百分点至 3.9%，其他国际组织和商业研究机构也一再上调预测结果，经合组织（OECD）预计所跟踪的全部 45 个主要经济体都将保持经济增长。

与此同时，主要发达经济体货币政策正常化，特别是美联储加息和“缩表”叠加，有可能带来紧缩效应，利率中枢上调，还将增大全球债务成本，导致资产价格重估和金融市场波动。美国实施减税法案可能加剧主要经济体竞争性减税，对制造业布局和跨境资本流动产生重大影响。美欧的保护主义新举动有可能对中美、中欧经贸关系带来新的不确定性。地缘政治风险有可能多发频发，给全球经济复苏带来冲击。

总体上看，全球经济复苏和外需回暖，对中国经济具有一定的支撑作用。但主要经济体货币政策取向变化，将挤压中国宏观政策空间，增大政策操作难度。外部的不确定也可能向国内经济传导，大宗商品价格回暖可能给国内物价形成一定压力。

2. 高质量发展条件进一步积累

中共十九大勾画了今后一个时期中国经济发展的宏伟蓝图，明确了决胜全面建成小康社会和开启全面建设社会主义现代化国家新征程的路线图和时间表，开启了由“数量追赶”转向“质量追赶”阶段的历史进程，增强了全社会推动经济持续健康发展的信心，有效改善了市场预期。从今后一个时期看，中国转向高质量发展面临诸多有利条件。

一是经济结构发生重大变革，为高质量发展打开空间。中国已形成世界上人口最多的中等收入群体，2018 年零售额有望与美国持平或赶超，成为全球最大的消费市场。消费成为经济增长主要驱动力。国内市场扩容、消费贡献上升、服务业占比提高，将有效增强经济运行的稳定性，为高质量发展创造基础条件。

二是居民消费结构加快升级，为高质量发展提供市场驱动力。随着居民收入水平提高和中等收入群体扩大，居民对商品和服务的品质、质量要求明显提升。居民消费结构向高端化、个性化、服务化方向升级，对高质量发展形成强大的市场推动力。

三是科技创新进入活跃期，为高质量发展提供技术支撑。中国在战略高技术领域取得重大突破，正在从跟跑为主转向跟跑、并跑和领跑并存。根据世界知识产权组织发布的《2017

年全球创新指数报告》，中国创新指数世界排名升至第 22 位，比 2013 年提升了 13 位，成为前 25 名中唯一的非高收入经济体。新技术加速向各领域扩散，移动支付、电子商务、平台经济、无人零售、共享单车、新能源汽车等跻身世界前列，推动产业和区域发展质量水平整体跃升，增强了高质量发展的技术基础。

四是人力资本大幅提升，为高质量发展提供战略性保障。义务教育全面普及，高中阶段教育基本普及，高等教育在学总规模达 3700 万人，毛入学率达到 42.7%。各级各类教育规模均居世界第一位，入学率达到或超过中高收入国家平均水平。高素质人才培养集聚、人力资本不断积累，正在成为推动高质量发展的战略性条件。

五是基础设施网络化水平提高，为高质量发展提供强大支撑。截至 2017 年底，全国铁路运营里程达到 12.7 万公里，其中高铁通车里程 2.5 万公里以上；公路通车总里程 477 万公里，其中高速公路总里程突破 13.6 万公里。城市轨道交通运营里程、沿海港口万吨级及以上泊位数量跃居世界第一。互联网上网人数超过 7.5 亿人，已经相当于欧洲人口总量。基础设施网络化水平提高，促进要素自由流动和统一市场建设，为高质量发展创造支撑条件。

六是进一步推进改革开放，为高质量发展提供体制保障。中国经济发展和居民生活的大幅改善，靠的就是改革开放，“改革开放是决定当代中国命运的关键一招”已成为全社会共识。2018 年是改革开放 40 周年，将进一步激发全社会全面深化改革的决心，推进重大领域和关键环节改革，加强产权特别是知识产权保护，扩大服务业特别是金融业对外开放。改革开放不断深化，将有效提高资源配置效率，在体制上为高质量发展提供保障。

3. 经济增速仍面临一定回调压力

经济增长中长期取决于潜在增长水平，短期增速在潜在增长率上下波动，受需求条件变化影响。从 2018 年三大需求看，消费将保持相对稳定，出口受 2017 年基础提高影响难有提升，投资受基础设施和房地产投资回调影响将有所下降，综合起来看，经济增速将面临小幅回调压力。

消费和出口相对稳定，投资对经济增长的边际影响较大，投资增速回调将对经济增速形成向下的压力，经济增速将小幅回调。同时，随着经济增速保持在合理区间的韧性增强，经济工作的重心应从“稳增长”为主转向“高质量发展”为主。

三、稳中求进，推动高质量发展取得新进展

2018 年是贯彻党的十九大精神的开局之年，是改革开放 40 周年，是决胜全面建成小康社会、实施“十三五”规划承上启下的关键一年。要坚持稳中求进工作总基调，坚持新发展理念，坚持以供给侧结构性改革为主线，大力推进改革开放，打好防范化解重大风险、精准脱贫、污染防治三大攻坚战，推动经济高质量发展取得新进展。

1. 坚持稳中求进工作总基调

坚持稳中求进工作总基调，就是要统筹各项政策，加强政策协同，形成政策合力。“稳”的重点在保持宏观政策的连续性稳定性，保持经济运行环境稳定，引导和稳定市场预期。“进”的重点在更大程度上发挥结构性政策作用，更加注重解决民生问题，加大力度推进改

革开放。这里的“稳”，强调的是遵循经济规律的“稳”；这里的“进”，强调的是“稳”基础上的“进”，是稳健有序的“进”。

积极的财政政策取向不变。2013 年以来，中国坚持实施积极的财政政策，财政赤字由 1.2 万亿元增加到 2.38 万亿元，但赤字率一直控制在 3%以内。2018 年要继续实施积极的财政政策，调整优化财政支出结构，增强财政支出的公共性和普惠型，重点加大对供给侧结构性改革、创新、“三农”、绿色发展、民生等领域的支持，加大对打好三大攻坚战的保障力度。继续实施减税降费，支持实体经济发展，支持企业加大研发和创新投入。加强地方政府债务管理，整顿“名股实债”和违法违规担保行为，制止以政府投资基金、政府和社会资本合作、政府购买服务等名义变相举债。

稳健的货币政策要保持中性。2017 年以来，去杠杆取得初步成效。2018 年货币政策要保持稳健中性，管住货币供给总闸门，灵活运用多种货币政策工具，保持货币信贷和社会融资规模合理增长，为高质量发展营造适宜的流动性环境。

适当发挥货币信贷政策的结构引导作用，加大对国民经济重点领域、薄弱环节和社会事业等方面的支持力度，进一步优化信贷结构。健全货币政策和宏观审慎政策双支柱调控框架，完善金融监管体系，抑制金融体系顺周期波动和风险跨市场传染，维护金融体系稳定，守住不发生系统性金融风险的底线。

在保持总量性政策连续性稳定性的基础上，更大程度发挥结构性政策的作用，增加优质增量供给，优化存量资源配置，加快新旧发展动能转换。更加注重解决民生问题，增强社会政策民生导向，加强基本公共服务和基本民生保障。加大力度推进改革开放，以完善产权制度和要素市场化配置为重点，推进基础领域和关键环节改革取得新突破。

2. 在打好三大攻坚战上取得扎实进展

作为一个大规模经济体，实现长期高速增长殊为不易，转向高质量发展将更为艰巨。打好三大攻坚战，是推动高质量发展的底线性、本质性要求。如果不能有效化解过去积累的风险，进而产生重大系统性风险，高质量发展就失去了基础和前提。如果精准脱贫和污染防治的目标没有实现，高质量发展就失去了重要内涵和完整意义。

打好防范化解重大风险攻坚战。金融风险的根源是宏观杠杆率上升过快。要把控制企业杠杆率和地方政府隐性债务作为防范化解风险的重点，以市场化法治化方式推动国有企业去杠杆，依法依规对“僵尸企业”实施破产清算，切实有效降低企业债务水平。按照“开前门”“堵后门”的原则，加强地方政府债务的法制化管理，推进债务信息公开和债务风险的动态监管。加强对影子银行、互联网金融等薄弱环节监管，坚决打击非法集资等违法违规金融活动。

打好精准脱贫攻坚战。精准脱贫重在“精准”，重点是瞄准特定贫困群众精准帮扶，向深度贫困地区聚焦发力，注重把扶贫同扶志、扶智结合起来，提高贫困地区和贫困群众的脱贫致富内在动力和自我发展能力。严格考核评估，让脱贫成效真实可信，做到脱真贫、真脱贫。

打好污染防治攻坚战。强化大气、水、土壤等污染防治，使主要污染物排放总量逐年

减少，生态环境质量总体改善。重点打赢蓝天保卫战，明显改善大气环境质量。调整产业结构、能源结构和运输结构，从源头上解决问题。

3. 按照高质量发展要求推进经济持续健康发展

进入高质量发展阶段，宏观调控要按照质量优于速度的原则，把推进结构调整和动力转换放在更加突出的位置，在更加注重质量和效益的基础上，使经济运行保持在合理区间。

深化供给侧结构性改革。供给侧结构性改革是推动高质量发展的主线。近两年来，供给侧结构性改革取得积极进展，钢铁、煤炭去产能超额完成年度目标任务，房地产库存明显减少，企业杠杆率稳中有降，减税降费成效显现，生态环保、教育、基础设施等短板加快补齐。但也要看到，要素市场发育滞后、价格扭曲和市场壁垒，仍是深化供给侧结构性改革的重要制约因素。要推进要素市场化配置改革，确立竞争政策的基础地位，推进产业政策从选择型向功能型转型，通过强化竞争加快落后企业退出和优质企业成长。以处置“僵尸企业”为突破口，建立市场化法治化退出通道，将沉淀的生产要素从过剩领域转移到有市场需求的领域、从低效领域转移到高效领域，解决“退不出、死不了”的问题，真正实现市场出清。大力培育新动能，强化科技创新，推动互联网、大数据、人工智能和实体经济深度融合，在中高端消费、创新引领、绿色低碳、共享经济、现代供应链等领域培育新增长点，真正实现产业升级。大力降低制度性交易成本，在降低显性门槛基础上减少隐性障碍，清理各类“红顶中介”，改善政商关系，真正降低实体经济成本。

激发各类市场主体活力。市场主体是推动高质量发展的微观基础。要深化国有企业改革，发展混合所有制经济，提高国有企业生产效率和竞争力。改革国有资本授权经营体制，优化国有经济布局，推动国有资本做强做优做大。大力支持民营企业发展，切实落实保护产权政策，依法甄别纠正社会反映强烈的产权纠纷案件，消除保护产权的所有制歧视，为民营企业发展提供可预期的环境，调动民间投资的积极性。

实施乡村振兴战略。实施乡村振兴战略是“三农”领域推动高质量发展的总抓手。要根据农村发展实际，科学制定乡村振兴战略规划，分类推进，避免一哄而起，避免盲目攀比。健全城乡融合发展体制机制，破除妨碍城乡间生产要素流动的体制机制障碍。推进农业供给侧结构性改革，实施质量兴农战略，加快推进农业由增产导向转向提质导向，不断提高农业创新力和竞争力。

实施区域协调发展战略。实施区域协调发展战略是空间层面推动高质量发展的重要途径。要加大力度支持革命老区、民族地区、边疆地区、贫困地区加快发展。按照区域发展总体战略的新要求新任务，推进西部大开发，加快东北等老工业基地振兴，推动中部地区崛起，支持东部地区率先推动高质量发展。以疏解北京非首都功能为重点推动京津冀协同发展，以生态优先、绿色发展为引领推进长江经济带发展。以城市群和快速立体通道建设带动区域协调发展，构建网络化发展新格局。

推动形成全面开放新格局。扩大开放有利于深化国际合作与竞争，为推动高质量发展创造新机遇。要以“一带一路”建设为重点，创新对外投资方式，以投资带动贸易和产业发展。有序放宽市场准入，加大服务业特别是金融业开放力度。在总结自贸试验区试点经验的基础上，全面实施准入前国民待遇加负面清单制度，进一步改善外商投资环境。促进贸易平衡，更加注重提升出口质量和附加值，根据国内产业发展和消费升级需要，积极扩大进口。引导对外投资健康发展，促进国际产能合作，防范境外投资风险。

提高保障和改善民生水平。保障和改善民生是推动高质量发展的出发点和落脚点。要注重解决突出问题，特别是教育、就业、养老、医疗等突出问题。住房问题事关人民群众切身利益，要加快建立多主体供应、多渠道保障、租购并举的住房制度，积极探索多主体住房供应，改变供应主体过于单一的状况；动员更多社会力量进入，实现住房保障渠道多元化；发展住房租赁特别是长期租赁市场，支持专业化住房租赁企业发展。

加快推进生态文明建设。生态文明程度是衡量高质量发展水平的重要标志。中国经济规模持续扩大，主要污染物排放处在高峰期，生态环境压力巨大。要引导企业、社会组织和公众等各方面投入和参与生态建设和环境保护，研究建立市场化、多元化生态补偿机制。加快生态文明体制改革，健全环境损害赔偿和责任追究制度，完善生态环境监管体制。

推荐阅读

1. 亨利·威廉·斯皮格尔：《经济思想的成长》，中国社会科学出版社，1999年版。
2. 曼昆：《经济学原理》，北京大学出版社，2015年版。
3. 朱绍文：《经典经济学和现代经济学》，北京大学出版社，2004年版。
4. 资树荣：《国外居民消费需求变动对中国消费品出口贸易发展影响研究》，经济科学出版社，2005年版。
5. 保罗·萨缪尔森：《经济学》，人民邮电出版社，2012年版。

视频链接

6分钟读懂经济学

专题五

行法治之道　全面推进依法治国

——努力建设中国特色社会主义法治体系

大道之行，天下为公；良法善治，民之所向。党的十八大以来，以习近平同志为核心的党中央着眼于实现中华民族伟大复兴中国梦、实现党和国家长治久安的长远考虑，对全面推进依法治国作出部署：以建设中国特色社会主义法治体系、建设社会主义法治国家作为总目标，将全面依法治国作为“四个全面”战略布局不可或缺的重要组成部分。这一重大抉择深刻回答了站在新的历史起点，建设一个什么样的法治国家、怎样建设社会主义法治国家等一系列重大理论和实践问题，显著增强了我们党运用法律手段领导和治理国家的能力。

全面推进依法治国，就要在中国共产党领导下，坚持中国特色社会主义制度，贯彻中国特色社会主义法治理论，形成完备的法律规范体系、高效的法治实施体系、严密的法治监督体系、有力的法治保障体系，形成完善的党内法规体系，坚持依法治国、依法执政、依法行政共同推进，坚持法治国家、法治政府、法治社会一体建设，实现科学立法、严格执法、公正司法、全民守法，促进国家治理体系和治理能力现代化。改革发展稳定，内政外交国防，治党治国治军，只有以法治为框架、由法治来贯彻、用法治作保障，才能从根本上推进国家治理体系和治理能力现代化。只有让“法治”二字扎根于治国理政的方方面面，扎根于百姓心中，让法治权威成为信仰，才能开创社会繁荣发展、国家长治久安的新局面。

一、法治，国之重器

法者，治之端也。法治就是用法律的准绳去衡量、规范、引导社会生活。一个现代国家，必须是一个法治国家；国家要走向现代化，必须走向法治化。时至今日，全面建成小康社会指日可待，我们比近代以来任何时候都更接近中华民族伟大复兴这个几代人梦寐以求的奋斗目标。人无远虑，必有近忧。全面建成小康社会之后的路该怎么走？如何跳出历史周期律，实现长期执政？如何实现党和国家的长治久安？

2014 年 10 月 20 日，党的十八届四中全会首次以全会的形式专题研究部署全面推进依法治国这一基本方略。10 月 23 日，党的十八届四中全会第二次全体会议，以习近平同志为核心的党中央为上述三道在中华民族伟大复兴之路上必须做出正确解答的重大考题给出了坚定而明晰的答案：全面推进依法治国。

权威声音：习近平总书记——全面推进依法治国，是着眼于实现中华民族伟大复兴的中国梦、实现党和国家长治久安的长远考虑。

《中共中央关于全面推进依法治国若干重大问题的决定》获得一致通过，标志着全面依法治国被列入“四个全面”战略布局，与全面深化改革、全面从严治党一道，构成实现全面建成小康社会战略目标一个都不能缺的战略举措。

微评：中国政法大学副校长、法治政府研究院院长马怀德教授——这是三中全会做出全面深化改革部署的一个必然要求，是保证全面深化改革顺利进行的重要条件。

微评：中国政法大学终身教授张晋藩——把依法治国作为坚持和发展中国特色社会主义的本质要求，这是我们党总结国际范围内社会主义兴亡的历史教训，总结我们国家社会主义建设实践经验所得出的结论。

回首中华人民共和国成立以来法治建设进程，有成功的经验，也有深刻的教训。特别是“文化大革命”十年内乱，法制遭到严重破坏。党的十一届三中全会以来，我们党越来越认识到，为了保障人民民主，必须加强法治建设，必须使民主制度化、法律化。改革开放以来，法治建设逐步驶入快车道，法治对经济社会发展的保障和促进作用日益明显。

权威声音：习近平总书记——历史是最好的老师。

经验和教训使我们党深刻认识到，法治是治国理政不可或缺的重要手段。法治兴则国兴，法治衰则国乱。什么时候重视法治，法治昌明，什么时候就国泰民安；什么时候忽视法治，法治松弛，什么时候就国乱民怨。

当今中国正处于实现历史性一跃的关键节点。全面建成小康社会进入倒计时，第一个百年目标胜利在望，第二个百年目标日益接近。同时，我们面临的国际国内形势复杂多变，面对的改革发展稳定任务之重前所未有。全面深化改革这艘航船需要法治的护航，中国特色社会主义市场经济这条奔腾不息的河流需要法治堤坝的保护，改革开放 40 年的发展成果需要法治守卫。

权威声音：习近平总书记——人民对美好生活的向往，就是我们的奋斗目标。

专家解读：中共中央政策研究室常务副主任、中共中央宣传部副部长王晓辉——高度重视法治、大力推行法治，是习近平总书记治国理政的鲜明特色。在长期治国理政实践中，他深切认识到，法律是治国理政最大、最重要的规矩，推进国家治理体系和治理能力现代化，必须厉行法治。他在浙江工作时就提出，建设法治浙江。党的十八大后，他把依法治国纳入“四个全面”战略布局，强调法治国家、法治政府、法治社会一体建设。

党的十八大报告鲜明提出，法治是治国理政的基本方式。要推进科学立法、严格执法、公正司法、全民守法，坚持法律面前人人平等，保证有法必依、执法必严、违法必究。在法治中国建设的总体规划——《中共中央关于全面推进依法治国若干重大问题的决定》中明确指出，全面推进依法治国，总目标是建设中国特色社会主义法治体系，建设社会主义法治国家。即在中国共产党的领导下，坚持中国特色社会主义制度、贯彻中国特色社会主义法治理论，形成完备的法律规范体系、高效的法治实施体系、严密的法治监督体系、有力的法治保障体系，形成完善的党内法规体系，坚持依法治国、依法执政、依法行政共同推进，坚持法治国家、法治政府、法治社会一体建设，实现科学立法、严格执法、公正司法、全面守法，促进国家治理体系和治理能力现代化。

专家解读：中国人民大学常务副校长王利明——总目标的提出，具有多方面的作用。首先就是向国内外释放一个明确而坚定的信号，这就是我们要坚定不移地走中国特色社会主义道路。第二点也明确了在法治建设过程中，我们要有一个纵览全局牵引各方的总抓手，这个总抓手就是建设社会主义法治体系。我们所有的法治工作都要围绕着建设社会主义法治体系这样一个总抓手而展开。所以，这个总目标可以说具有纲举目张的作用。

（1）全面推进依法治国，关键在党。办好中国的事情，关键在党。党的领导是中国特色社会主义最本质的特征，是社会主义法治的根本保证。坚持党的领导、人民当家做主、依法治国有机统一起来是我们社会主义法治建设的一条基本经验。党的十八届四中全会决定强调，必须加强和改进党对法治工作的领导，把党的领导贯彻到全面推进依法治国全过程，“坚持党领导立法、保证执法、支持司法、带头守法”，党中央听取全国人大常委会、国务院、全国政协、最高人民法院、最高人民检察院党组工作报告，审议批准全国人大常委会立法规划，中央全面深化改革领导小组审议通过一系列关于司法体制改革的重要政策文件等。

（2）坚持人民主体地位，是中国特色社会主义法治的内在要求。人民是全面推进依法治国的主体和力量源泉。习近平总书记始终把人民放在心中最高位置，指出要把体现人民利益、反映人民愿望、维护人民利益、增进人民福祉落实到依法治国全过程，使法律及其实施充分体现人民意志。从实施修改后的行政诉讼法破解“民告官”难题，到把信访纳入法治化轨道，努力化解信访积案；从实施立案登记制度改革保障人民群众依法表达诉求，到建立居民身份证异地受理制度方便群众；从稳步推进人民陪审员、人民监督员制度改革，到广泛动员组织人民依法有序参与国家和社会事务管理等，人民权益靠法律保障，法律权威靠人民维护的良好局面正在形成。

（3）全面推进依法治国，本质在于坚持法律面前人人平等。平等是社会主义法律的基本属性，法律面前人人平等鲜明地体现了中国特色社会主义法治公平正义的本质特征。习近平总书记指出，任何组织和个人都必须尊重宪法法律权威，都必须在宪法法律范围内活动，都必须依照宪法法律行使权力或权利、履行职责或义务，都不得超越宪法法律的特权。任何人违反宪法法律都要受到追究，绝不允许任何人以任何借口任何形式以言代法、以权压法、徇私枉法。对于不遵守法律甚至严重违反法律、破坏法治的执法行为，无论其职务多高，都要依法严惩，毫不姑息。

（4）全面推进依法治国，坚持依法治国和以德治国相结合。法律是成文的道德，道德是内心的法律。治理国家必须一手抓法治、一手抓德治，既重视发挥法律的规范作用，又发挥道德的教化作用，实现法律和道德相辅相成、法治和德治相得益彰。这不仅是扎根中国现实，弘扬民族优秀传统，对历史规律的科学总结，也是当代中国实现民族复兴的必由之路。近年来，司法机关依法办理了涉及侵害狼牙山五壮士、邱少云等英雄人物名誉荣誉的民事案件，给肆意诋毁、诽谤英雄的行为敲响了警钟。通过司法程序保护英雄的名誉，既是道德对法律的引导，也是法律对道德的支撑。

（5）全面推进依法治国，必须坚持从中国实际出发。中国革命、建设和改革开放的实践反复说明，从实际出发，从中国国情出发，是我们各项事业取得成功的一条基本经验。全面推进依法治国，建设社会主义法治国家，同样必须坚持从中国实际出发。从实际出发，

首先要注重总结我们党领导人民建设社会主义法治的新鲜经验，使我们的法治具有鲜明的中国特色、实践特色、时代特色。同时，要处理好古与今、中与外的关系，传承中华民族优秀传统文化，借鉴吸收人类法治文明的优秀成果。从“天下之事，一断于法”的法理，到“王子犯法与庶民同罪”的司法理念；从春秋时子产铸刑鼎首次公布法律，到汉唐以来历代相沿的成文法典；从被马克思、恩格斯称赞的古罗马《十二铜表法》，到《法国民法典》，再到现代各国的法治实践，是推进法治建设的丰富资源，我们要坚持以我为主、为我所用、认真鉴别、合理吸收、不能搞全盘西化、不能搞全面移植，不能照抄照搬。

坚持党的领导、坚持人民主体地位、坚持法律面前人人平等、坚持依法治国和以德治国相结合、坚持从中国实际出发的五大原则构成一个有机整体，规定着中国特色社会主义法治道路的前进方向。党的十八大以来，法治中国建设取得了令人瞩目的成就：

依宪治国，推进宪法全面有效实施：完善以宪法为统帅的中国特色社会主义法治体系，健全宪法实施和监督制度，设立宪法宣誓制度，弘扬宪法精神，维护宪法权威，为中国特色社会主义提供根本法律和制度保证。

以法为凭，改革蹚过一个个“深水区”，啃下一个个“硬骨头”：修改人口与计划生育法，正式实施全面两孩政策；依法解决无户口人员户口登记问题，切实保障公民权利；按照法定程序对土地制度改革、司法制度改革试点等做出授权决定等，改革在法治下破题，在法治下推进。循法而行，坚持运用法治思维和法治方式破解发展难题：编纂民法典，制定电子商务法，修改促进科技成果转化法，不断建立健全符合发展规律要求的法律制度，为经济社会持续健康发展提供法治支撑和保障。

持法为刃，铸就捍卫政权安全、制度安全的坚强力量：制定国家安全法、反间谍法、反恐怖主义法、境外非政府组织境内活动管理法、网络安全法、国家情报法，依法惩治颠覆国家政权犯罪，用法律手段净化网络空间。法治成为维护国家安全、社会安全的强大屏障。

以法筑堤，将权力运行纳入法治化轨道：党的十八大以来，党中央制定或修订一系列党内法规，同时更加注重运用法律手段惩治腐败，法治对全面从严治党的保障作用进一步凸显。党内法规体系日趋完善，约束关键少数标准更严，使广大党员、干部将法治内化于心、外践于行。各级政府厘清行政权力边界，规范行政权力运行，提升依法行政能力，从上到下依法行政已成为共识，让权力在法治框架下运行。

权威声音：我宣誓：忠于中华人民共和国宪法，维护宪法权威，履行法定职责，忠于祖国、忠于人民，恪尽职守、廉洁奉公，接受人民监督，为建设富强民主文明和谐美丽的社会主义现代化强国努力奋斗！

微评：全国人大常委会工作委员会副主任许安标——宪法宣誓，是一种庄重的国家仪式，既表明了国家坚持依宪治国、维护宪法权威的坚定决定，也是宣誓者本人坚定地表明遵守宪法、维护宪法权威的庄重承诺。

国无常强，无常弱。奉法者强则国强，奉法者弱则国弱。全面依法治国是国家治理领域一场广泛而深刻的革命。新时代发展呼唤法治，人民美好生活需要法治。

二、依法治国，贵在良法

法律是治国之重器，良法是善治之前提。如何进一步完善以宪法为核心的中国特色社会主义法律体系，提高立法质量，使法律更加充分反映客观规律和人民意愿，更加准确适应经济社会发展需求，更加有效解决实际问题，成为以习近平同志为核心的党中央领导立法工作时要着力解决的重大课题。《中共中央关于全面推进依法治国若干重大问题的决定》明确指出，要加强重点领域立法，及时反映党和国家事业发展要求、人民群众关切期待，对涉及全面深化改革、推动经济发展、完善社会治理、保障人民生活、维护国家安全的法律抓紧制定、及时修改。同时，明确提出编纂民法典的重大立法任务。

2017年3月15日，国家主席习近平签署主席令，《中华人民共和国民法总则》诞生，中国社会生活百科全书的民法典翻开了关键一页。《民法总则》明确保护民事主体的人身和财产权利，强化规则意识，倡导契约精神，为民事活动提供基本遵循；将社会主义核心价值观融入法律，确认价值导向，维护公序良俗，引导人们崇德向善。《民法总则》作为统帅和纲领，为进一步完善社会主义市场经济和社会生活的法律规范，为编纂民法典打下了坚实基础。

微评：中国社会科学院民法典编纂立法课题组首席研究员孙宪忠——《民法总则》在承认和保障人民群众的人身权利和财产权利方面付出了极大的努力。比如关于胎儿人身权的制度，选择符合中国实际需要的行为能力的制度，建立适合我们现在中国进入老龄社会以后的老年监护制度，英雄和烈士的名誉权保护的问题，特别法人制度等，充分实现了对人民权利的保障。

（1）人民有所呼，立法有所应。面对人民群众关注的“难点”“痛点”，经济社会发展的“堵点”“盲点”，通过立法工作建章立制，定分止争，解决人民群众反映最迫切的问题，破解影响经济社会发展的顽疾。互联网时代，信息技术的发展给经济社会发展注入无穷活力，给人民群众生活带来巨大便利，也滋生了电信网络诈骗、网络传播谣言等违法犯罪行为。全国人大常委会制定的网络安全法，国务院及有关部门出台的互联网领域行政法规规章，最高人民法院、最高人民检察院制定的办理利用信息网络实施诽谤等刑事案件的司法解释，为净化网络空间、保护国家安全和公民权利、维护社会稳定织就了互联网“法网”。

（2）社会发展的步伐行进到哪里，立法就跟进到哪里。全面修订环境保护法、铁腕治污；及时修订食品安全法，建立最严格、覆盖全过程的食品安全监管制度；首次修订行政诉讼法，重点解决“民告官”立案难、审理难、执行难等突出问题；大气污染防治法、民办教育促进法、红十字会法、预算法、企业所得税法、促进科技成果转化法、教育法等一批事关国计民生的法律得到及时修改；紧扣民生领域突出问题，出台居住证暂行条例、不动产登记暂行条例以及一系列司法解释；废止劳动教养制度；从立法源头保障国家安全，“贯彻落实总体国家安全观，加快国家安全法制建设，抓紧出台反恐怖等一批继续法律，推进公共安全法治化，构建国家安全法律体系”，国家安全法、国家情报法、反间谍法、反恐怖主义法、网络安全法、境外非政府组织境内活动管理法、刑法修正案（九）等一系列涉及国家安全的法律构筑了整个国家安全领域的法律制度基本框架，为维护国家核心利益和其他重大利益提供了坚实的法治保障。同时，针对文化、社会等方面，相继出台电影产业

促进法、反家庭暴力法、特种设备安全法、公共文化服务保障法、资产评估法、全国社会保障基金条例、征信业管理条例等。一个个立法空白被及时填补，中国社会主义法律体系进一步完善。

截至 2017 年 6 月底，十二届全国人民代表大会及其常务委员会新制定法律 20 件，通过修改法律的决定 39 件、涉及修改法律 100 件，废止法律 1 件，做出法律解释 9 件，有关法律问题的决定 34 件。2013 年以来，国务院共提请全国人大常委会审议法律议案 43 件，制定修订行政法规 43 部，根据“放管服”改革要求，先后一揽子修订行政法规 125 部；最高人民法院、最高人民检察院制定出台 133 项司法实践中急需的司法解释；有立法权的地方人大及其常委会制定地方性法规 4000 余件。立法呈现出数量多、分量重、节奏快的特点，取得了一批新的重要立法成果，为改革发展稳定发挥了重要的保障和促进作用。

权威声音：习近平总书记——我们要坚持改革决策和立法决策相统一、相衔接，立法主动适应改革需要，积极发挥引导、推动、规范、保障改革的作用，做到重大改革于法有据，改革和法治同步推进。

坚持在法治下推进改革，在改革中完善法治，对于需要先行先试的改革举措，依法授权开展试点工作；对于实践证明行之有效、具备复制推广条件的改革举措，及时总结修改完善相关法律。党的十八大以来，全国人大常委会依照法定权限和程序做出了 18 项授权决定和有关法律问题的决定，包括自由贸易试验区的建设与拓展，行政审批制度改革、司法体制改革以及农村集体土地使用权制度改革等。

（3）建设中国特色社会主义法律体系，提高立法质量是牛鼻子，是关键。推进科学立法、民主立法是提高立法质量的根本途径。按照党的十八届四中全会决定，充分发挥人大及其常委会在立法工作中的主导作用，重要法律草案由全国人大相关专门委员会、全国人大常委会法工委组织有关部门参与起草，重要行政管理法律法规由政府法制机构组织起草，从体制机制和工作程序上有效防止了部门利益和地方保护主义法律化。修改立法法，赋予所有设区的市地方立法权，截至 2017 年 4 月底，全国新赋予地方立法权的市和自治州已经审议通过地方性法规 369 件，充分发挥了地方立法在地方治理的积极作用。设立基层立法联系点，开通最高立法机关和基层干部群众之间的直通车，截至 2017 年 7 月底，全国人大常委会法工委设立的四个基层立法联系点已完成 22 部草案的意见征询工作，归纳整理各类意见建议 988 条。坚持开门立法，组织专家咨询会，发挥专家学者的作用。建立规范性文件备案审查制度，把所有规范性文件纳入备案审查范围，依法撤销和纠正违宪违法的规范性文件，保障公民合法权益。党的十八大以来，全国人大常委会共接受公民和组织提出的各类审查建议 1200 余件。

“立善法于天下，则天下治；立善法于一国，则一国治。”顺应最广大人民意愿、维护最广大人民利益的良法善法，是全面依法治国的坚固基石，是实现“两个一百年”奋斗目标、实现中华民族伟大复兴中国梦坚实有力的法治保障。

三、依法治国，需依法行政

2014 年，习近平总书记就《中共中央关于全面推进依法治国若干重大问题的决定》起

草情况向党的十八届四中全会作说明时指出，各级政府必须坚持在党的领导下、在法治轨道上开展工作，加快建设职能科学、权责法定、执法严明、公开公正、廉洁高效、守法诚信的法治政府。2015年12月，中共中央、国务院印发《法治政府建设实施纲要（2015—2020年）》规划了今后一个时期建设法治政府的总蓝图、路线图、施工图。

（1）依法行政，首先要职权法定。习近平总书记在中共中央政治局第十五次集体学习时指出，各级政府一定要严格依法行政，切实履行职责，该管的事一定要管好、管到位，该放的权一定要放足、放到位，坚决克服政府职能错位、越位、缺位现象。法治政府的核心内涵就是依法行政，把权力关进制度的笼子，让公众知道政府的权力边界，让权力真正在阳光下运行。推行各级政府工作部门权力清单制度是落实职权法定的重要举措，截至目前，全国所有省市县三级政府部门权责清单均已公布。同时，依法行政，明确终身追责。有权必有责，违法必追责。党的十八届四中全会明确提出，建立重大决策终身责任追究制度及责任倒查机制。

（2）依法行政，关键要决策程序法定化。党的十八届四中全会决定指出，把公众参与、专家论证、风险评估、合法性审查、集体讨论决定确定为重大行政决策法定程序，确保决策制度科学、程序正当、过程公开、责任明确。2015年10月29日，习近平总书记在党的十八届五中全会上指出，要更加自觉地运用法治思维和法治方式来深化改革、推动发展、化解矛盾、维护稳定，依法治理经济，依法协调和处理各种利益问题，避免埋钉子、留尾巴。重大行政决策程序暂行条例、快递暂行条例、住房公积金管理条例，特别是网络预约出租汽车经营服务管理暂行办法出台的背后是不同范围不同层次的座谈会、论证会、咨询会等。这正是决策过程中广泛听取各方声音，民主决策的充分体现。2016年6月，中共中央办公厅、国务院办公厅印发了《关于推行法律顾问制度和公职律师公司律师制度的意见》，要求积极推行法律顾问制度和公职律师、公司律师制度，提高依法执政、依法行政、依法经营、依法管理的能力水平，促进依法办事。法律顾问制度、公职律师制度的普遍实施，可以在事先对各种法律风险加以防范和控制，从而使得我们各项决策和管理工作全方位地在法律框架下运行，法律顾问、公职律师业已成为政府依法决策、依法行政、化解纷争、服务群众的好帮手。

（3）依法行政，重在严格执法。全面推进依法治国，必须坚持严格执法。法律的生命力在于实施，政府严格执法，才能保障法律法规得到全面正确的实施。在环保领域，对环境污染零容忍，依法清理小散乱污企业、关停整改排污大户、查处违法典型案件；在食品药品安全领域，多举措加强稽查执法，在餐饮业实施明厨亮灶、治理网络订餐乱象、打击药品临床数据造假；加强工商事中事后监管，推动企业恪守诚信；严厉“扫黄打非”查缴侵权盗版。政府严格执法，维护人民群众的生命财产安全，坚决遏制违法犯罪多发高发态势，特别重点打击关系群众切身利益、群众反映强烈的违法犯罪问题，不仅是人民政府的第一职责，更是执法为民的宗旨理念。

（4）依法行政，须规范执法行为。2014年1月7日，习近平总书记在中央政法工作会议上指出：涉及群众问题，要准确把握社会心态和群众情绪，充分考虑执法对象的切身感受，规范执法言行，推行人性化执法、柔性执法、阳光执法，不要搞粗暴执法、“委托暴力”那一套。坚持严格规范公正文明执法，从群众不满意的地方抓起，从群众反映最强烈的问

题改起，让人民群众有更多获得感，事关政府工作的满意度和公信力。

（5）依法行政，要以简政放权、放管结合、优化服务为抓手。党的十八大以来，国务院部门累积取消行政审批事项618项，国务院各部门设置的职业资格削减70%以上，中央层面核准的投资项目数量累积减少90%，国务院办公厅印发的《关于简化优化公共服务流程方便基层群众办事创业的通知》解决了群众办证多、办事难的问题。

（6）依法行政，需要全面推进政务公开。2016年2月，中共中央办公厅、国务院办公厅发布《全面推进政务公开工作的意见》，强调公开透明是法治政府的基本特征，要求各级政府以公开为常态、以不公开为例外，推进行政决策公开、执行公开、管理公开、服务公开和结果公开，打造法治政府、创新政府、廉洁政府和服务型政府。

微评：国务院办公厅政府信息与政务公开办公室主任向东——通过推进全过程的公开来有效地监督约束政府权力的运行，既能促进社会的公平正义，也有力地推动了廉洁政府、法治政府和服务型政府的建设。

（7）依法行政，审计督查是保障。审计是国家治理的“免疫系统”，是行政权力监督的重要组成部分。完善审计督查制度，充分发挥审计督查在推动重大决策落地生效、监督约束行政权力、促进依法行政严格执法的重要作用，健全包括党内监督、人大监督、民主监督、行政监督、司法监督、审计监督、社会监督、舆论监督在内的全方位、立体化的科学有效的权力运行制约和监督体系，把权力关进制度的笼子，让一切权力循法而行，是建设法治政府的重要保证。

严格依法行政，依法办事，用法治思维和法治方式全面深化改革，让法律成为解决问题、化解矛盾的自觉选择，人民群众必将在全面推进依法治国之路上收获更多的福祉。

四、依法治国，需公正司法

公正是司法的生命线。司法是维护社会公平正义的最后一道防线。司法公正对社会公正具有重要引领作用，司法不公对社会公正具有致命的破坏作用。党的十八大以来，司法体制和工作机制的改革均以努力让人民群众在每一个司法案件中都能感受到公平正义为目标，这也是衡量司法工作成败的关键标尺。党的十八届三中全会从确保依法独立公正行使审判权和检察权、健全司法权力运行机制、完善人权司法保障制度等三个方面提出了18项司法体制改革任务。党的十八届四中全会提出了保证公正司法、提高司法公信力的6个方面111项改革部署。

（1）落实司法责任制。司法责任制是司法体制改革的牛鼻子，以司法责任制改革为切入点，纠正审者不判、判者不审、权限不清、责任不明等不符合司法规律的问题、司法行政化问题。司法责任制改革的内容是司法人员分类管理、完善司法责任制、健全司法人员职业保障和推动省以下地方法院、检察院人财物统一管理等，瞄准的正是司法体制机制中存在的突出问题，通过改革确立新的体制机制，实现“让审理者裁判、由裁判者负责”。实行员额制改革，是整个司法责任制改革的基石，旨在把司法队伍中的优秀人才选入员额，实现法官检察官队伍的正规化、专业化、职业化，入额就要办案，办案就要负责。

微评：中央司法体制改革领导小组办公室副主任姜伟——司法责任制，是司法体制改

革的基础性标志性改革举措，具有综合性系统性强的特点。司法责任制改的是体制机制，就是要把司法责任落实到人，谁办案谁负责。

司法责任制的落实，权力和责任相统一，倒逼法官检察官提高自身专业能力和职业素养，办案由过得去向过得硬转变。同时，建立健全司法人员职业保障和省以下地方法院检察院人财物统一管理，一方面有效地解决了法官检察官司法人员的职业晋升发展问题，另一方面对于确保法院、检察院摆脱地方干扰、公正办案具有深远意义。

（2）推进以审判为中心的诉讼制度改革。党的十八届四中全会提出推进以审判为中心的诉讼制度改革任务。习近平总书记指出，全会决定提出推进以审判为中心的诉讼制度改革，目的是促使办案人员树立办案必须经得起法律检验的理念，确保侦查、审查起诉的案件事实证据经得起法律检验，保证庭审在查明事实、认定证据、保护诉权、公正裁判中发挥决定性作用。为适应以审判为中心的刑事诉讼制度改革，公安机关探索建立执法办案管理中心，实行案件集中讯问、全程闭环、全程监督的办案新模式，在规范的询问场所讯问犯罪嫌疑人，并全程录像，有效地防止刑讯逼供等非法取证行为，保证证据的合法性。以审判为中心的刑事诉讼制度改革推动了刑事司法文明稳步提高，司法公正得到了更好保障。

微评：中国政法大学副校长马怀德——以审判为中心，实际上是一个突出司法权威，确保审判程序的合法化、正当化，防止非法证据进入最后裁判结果这样一个重要的诉讼制度改革。这个诉讼制度改革对于防范冤假错案，对于排除非法证据，对于确立审判的高标准，有着非常重要的意义。

权威声音：习近平总书记——不要说有了冤假错案，我们现在纠错会给我们带来什么伤害和冲击，而要看到我们已经给人家带来了什么样的伤害和影响，对我们整个执法公信力带来什么样的伤害和影响。我们做纠错的工作，就是亡羊补牢的工作。

链接：2013年，中央政法委出台关于切实防止冤假错案的指导意见，最高人民法院、最高人民检察院、公安部出台相关意见，针对近几年查处纠正冤假错案中暴露出来的深层次问题，在司法理念上、机制、措施等方面提出防范和改进的办法。党的十八届四中全会进一步提出，完善对限制人身自由司法措施和侦查手段的司法监督，加强对刑讯逼供和非法取证的源头预防，健全冤假错案有效防范、及时纠正机制。2017年6月，“两高三部”联合发布《关于办理刑事案件严格排除非法证据若干问题的规定》，为从源头上杜绝非法证据的产生提供了制度保证。

（3）保障律师的职业权利。2015年9月15日，习近平总书记主持召开中央全面深化改革领导小组第十六次会议，会议审议通过了《关于深化律师制度改革的意见》，“两高三部”出台《关于依法保障律师职业权利的规定》，有效解决了律师执业的会见难、阅卷难、调查取证难以及发问难、质证难、辩论难等问题。保障犯罪嫌疑人的合法权利，实施《看守所建设标准》，规范看守所的监督管理、提供医疗保障、建设法律援助中心驻看守所工作站、建立预防和打击牢头狱霸的长效机制等，充分保障犯罪嫌疑人的合法权利。

（4）防止权力干预司法。2015年2月27日，中央全面深化改革领导小组第十次会议审议通过了《关于领导干部干预司法活动、插手具体案件处理的记录、通报和责任追究规定》，中央政法委出台《司法机关内部人员过问案件的记录和责任追究规定》。上述规定的出台，明确了“权”与“法”的高压线，不仅为领导干部划定了红线，也构筑了司法机关

内部防止干部司法的“隔离带”，为社会主义法治国家建设营造风清气正的良好环境。

（5）规范刑罚执行。2014 年 1 月，中央政法委发布《关于严格规范减刑、假释、暂予监外执行切实防止司法腐败的意见》，从制度上防范约束可能出现的司法腐败问题。

（6）设立最高人民法院巡回法庭。截至 2016 年底，最高人民法院在深圳、沈阳、南京、郑州、重庆、西安共设立 6 个巡回法庭，审理跨行政区域重大行政和民商事案件。同时，立足于建立与行政区划适度分离的司法管辖体制，跨行政区划的人民法院和人民检察院相继成立，保障依法独立行使审判权、检察权。

（7）全面实施立案登记制。改变以往的立案审查制，对依法应当受理的案件，要求有案必立、有诉必理。创新司法新机制，启用刑事速裁程序，优化配置司法资源，实施繁简分流，选择适用适当的审理程序，实现简案快审、繁案精审。

（8）开通最高人民法院执行指挥系统，保障当事人合法权益，避免司法白条现象。2014 年 12 月 24 日，以执行网络查控为核心，覆盖全国法院的最高人民法院执行指挥系统正式开通。全国各级法院与中国人民银行等 10 多个部门以及 3000 余家银行业金融机构建立网络执行查控系统。2016 年 6 月，中央全面深化改革领导小组第二十五次会议审议通过了《关于加快推进失信被执行人信用监督、警示和惩戒机制建设的意见》，有效地解决了司法公正的“最后一公里”问题。

（9）提速法律援助、司法救助制度的落实和完善。2015 年 5 月 5 日，中央全面深化改革领导小组第十二次会议审议通过《关于完善法律援助制度的意见》，对进一步加强法律援助工作、完善法律援助制度做出全新部署。

（10）探索建立检察机关提起公益诉讼制度。2017 年 6 月，十二届全国人大常委会第二十八次会议对民事诉讼法和行政诉讼法做出修订，全面赋予检察机关提起公益诉讼权，明确了检察机关在生态环境和资源保护、食品药品安全、国有财产保护、国有土地使用权出让等领域可以提起行政公益诉讼，督促行政机关依法履职；在生态环境和资源保护、食品药品安全等领域可提起民事公益诉讼，追求涉事企业的民事责任。检察机关提起公益诉讼制度的建立，有力地保护了国家利益和社会公共利益。

（11）构建开放、动态、透明、便民的阳光司法机制。2014 年 1 月，习近平总书记在中央政法工作会议上指出，要坚持公开促公正、以透明保廉洁，增强主动公开、主动接受监督的意识，让暗箱操作没有空间，让司法腐败无法藏身。以信息技术为支撑，开展人民法院审判流程公开、庭审活动公开、裁判文书公开、执行信息公开四大平台建设。自 2016 年 7 月 1 日起，最高人民法院所有公开开庭的案件，原则上都通过互联网直播，各级法院直播庭审超过 60 万次，观看量超过 20 亿人次。中国裁判文书网公开裁判文书超过 3000 万份，访问量近百亿人次。全国检察机关已建成案件信息公开系统，正式运行案件程序性信息查询、法律文书公开、重要案件信息发布和辩护与代理预约申请等四大平台。公安部依照《关于深化公安执法规范化建设的意见》出台相关规定，建立执法公开平台，打造“阳光警务”。实施《人民陪审员制度改革试点方案》和《深化人民监督员制度改革方案》，充分发挥人民陪审员、人民监督员作用。主动适应互联网发展大趋势，设立互联网法院，以网络平台设备为载体，利用网络进行诉讼、解决网上的矛盾纠纷。

权威声音：习近平总书记——公平正义是我们党追求的一个非常崇高的价值，全心全

意为人民服务的宗旨决定了我们必须追求公平正义，保护人民权益、伸张正义。全面依法治国，必须紧紧围绕保障和促进社会公平正义来进行。

党的十八大以来，全国各级司法机关坚持问题导向，勇于攻坚克难，锐意进取，破解难题，坚定不移深化司法体制改革，保障司法公正的制度得以完善，促进司法公正的机制得以健全，制约司法公正的因素逐步得以排除，司法公正越来越成为人民群众具体而真实的感受。

五、依法治国，需全民守法

法治的真谛在于全体人民的真诚信仰和重视践行。民众的法治信仰和法治观念，是依法治国的内在动力，更是法治中国的精神支撑。

权威声音：习近平总书记——人民权益要靠法律保障，法律权威要靠人民维护。要充分调动人民群众投身依法治国实践的积极性和主动性，使全体人民都成为社会主义法治的忠实崇尚者、自觉遵守者，使尊法、信法、守法、用法、护法成为全体人民的共同追求。

（1）推进全民守法，必须抓“关键少数”。各级领导干部肩负推进依法治国的重要责任，要带头依法办事，带头遵守法律，始终对宪法法律怀有敬畏之心，牢固确立法律红线不能触碰、法律底线不能逾越的观念，不要去行使依法不该由自己行使的权力，更不能以言代法、以权压法、徇私枉法。以习近平同志为核心的党中央在尊法学法、立规矩守规矩方面率先垂范，集体学习法治主体、严格执行八项规定。《党政主要负责人履行推进法治建设第一责任人职责规定》《关于完善国家工作人员学法用法制度的意见》《行政机关负责人出庭应诉制度》《关于完善国家统一法律职业资格制度的意见》《关于实行国家机关“谁执法谁普法”普法责任制的意见》等系列制度办法的出台实施，明确了领导干部、国家机关、法律工作者等关键少数或关键群体的守法职责。

权威声音：习近平总书记——个人纵然有天大的本事，如果没有很强的法制意识、不守规矩，也不能当领导干部，这个关首先要把住。

（2）推进全民守法，落实遇事找法、办事循法的制度安排。2013 年以来，党中央大力推行涉法涉诉信访工作改革，出台了《关于依法处理涉法涉诉信访问题的意见》，解决了信“访”不信“法”的问题。同时，整合公共法律服务资源，推进覆盖城乡居民的公共法律服务体系建设：消除无律师县，建立集律师、公证、司法鉴定、人民调解等功能于一体的公共法律服务大厅；推广一村一社区一法律顾问制度；实行公证处巡回办证、蹲点办证；完善 12348 免费法律咨询服务热线等。

（3）推进全民守法，营造诚实守信的社会环境。党的十八届四中全会提出了加强社会诚信建设的任务。2016 年，国务院印发《关于建立完善守信联合激励和失信联合惩戒制度加快推进社会诚信建设的指导意见》，为褒扬和激励诚信、约束和惩戒失信提供了重要的制度保障：企业连续三年无不良信用记录，工商部门为其办理行政许可开通“绿色通道”；市场主体依法纳税，守信还贷，银行给予信贷优惠和支持；电商诚信经营，互联网商业平台为其加注“诚信会员”标识。

（4）推进全民守法，激发全体人民的法治热情。人民是法治建设的主体，是法治国家的主人。只有人人参与的法治，才具有坚实的社会基础。从1986年至今，我国已经实施了六个全民普法五年规划，当前已进入“七五”普法的第三年。普法形式不断创新，从农村普法新模式、法治宣传教育责任清单、普法通知书制度、以案释法活动、普法网络新渠道等全社会普法格局业已构筑，人人尊法、知法、守法、用法的良好局面正在形成。

站在新的历史起点，行法治之道，全面推进依法治国，是一项长期而艰巨的战略任务，是一场深刻而重大的社会变革。根植于中国传统的土壤、借鉴世界文明的智慧、探索现代国家的治理思路、立足国情的法治道路一定会引领中国人民走向一个经济发展、政治清明、文化昌盛、社会公正、生态良好的法治中国。

推荐阅读

1.《中国共产党第十八届中央委员会第四次全体会议文件汇编》，人民出版社，2014年版。
2.《习近平关于全面依法治国论述摘编》，中央文献出版社，2015年版。

视频链接

《法治中国》第一集

专题六

溯民族精神之源　辟民族复兴之路

——大力弘扬中华优秀传统文化

中华优秀传统文化积淀着中华民族最深沉的精神追求，是中华民族生生不息、发展壮大的丰厚滋养。学习和掌握其中的各种思想精华，对树立正确的世界观、人生观、价值观很有益处。不忘本来才能开辟未来，善于继承才能更好地创新。

一、弘扬中华优秀传统文化的时代价值

1. 是中华民族的精神命脉与标识

“求木之长者，必固其根本；欲流之远者，必浚其泉源。”文化的历史、文化的根脉就是一个民族、一个社会的精神家园。习近平指出：“优秀传统文化是一个国家、一个民族传承和发展的根本，如果丢掉了，就割断了精神命脉。”中华优秀传统文化积淀着中华民族最深沉的精神追求，代表着中华民族独特的精神标识，其中最核心的内容已经成为中华民族最基本的文化基因。这些最基本的文化基因，是中华民族在历史的积淀下、在生产生活中形成的区别于其他文化的独特精神标识，是深嵌于我们思想、日用而不觉的共同价值观，是中国人独有的文化烙印。中华优秀传统文化是中华民族的根与魂，割断历史、丢掉文化，就是自毁根基。

2. 是中华民族生生不息、发展壮大的丰厚滋养

中华文化博大精深、源远流长，中华文明是唯一没有中断过的文明，古老的中国也曾历经磨难。统一的多民族国家不断巩固的重要原因就在于中华民族产生和形成了被整个民族共同接受认可、一脉相承且富有生命力的优秀传统文化，其为中华民族克服困难、生生不息提供了强大的精神支撑。历史业已证明，中华优秀传统文化对形成和维护中国团结统一的政治局面，对形成和巩固中国多民族和合一体的大家庭，对形成和丰富中华民族精神，对激励中华儿女维护民族独立、反抗外来侵略，对推动中国社会发展进步、促进中国社会利益和社会关系平衡，具有十分重要的作用。

3. 是中国特色社会主义文化的重要源泉

中国特色社会主义文化源自中华民族五千多年文明历史所孕育的中华优秀传统文化。

我们所强调的社会主义核心价值体系，也深深扎根于深厚的中华优秀传统文化土壤。马克思主义中国化的最新成果是建立在中华优秀传统文化基础上的，中国特色社会主义共同理想是以中华民族共有的精神家园为基础的，以爱国主义为核心的民族精神和以改革创新为核心的时代精神无不蕴含着深厚的传统文化内容。可以说，中华优秀传统文化是维系中华民族生命的基本要素。

4. 是中华民族的突出优势和最深厚的文化软实力

作为世界文化的一部分，中华文化自产生之日起就对人类发展与进步做出了重大贡献。在交往过程中，中华民族充分尊重各国各民族的文化传统风俗习惯、价值理念，并不断促进与各国的友好合作、互惠互利。历史上，贯通欧亚大陆、横跨亚非海路的古代丝绸之路，更是推动了更大范围的各国各民族友好贸易、和平交往与发展。和平合作、开放包容、互学互鉴、互利共赢的丝路精神也在现实的印证下持续扩散、薪火相传。受到历史悠久的中国传统文化的深刻影响，在世界范围内，各民族争相学习汉语、使用汉字、信仰儒学、借鉴中国典章制度，形成了儒学文化圈。

总之，中华优秀传统文化不仅为中华民族繁衍生息奠定了基石，而且对世界发展具有重要意义。它是中华文化自信的有力支撑，更为世界的发展提供了中国智慧、中国方案。

二、中华优秀传统文化的精神内核

“中国优秀传统文化，是指中国传统文化的精华所在、精神所在、气魄所在，是体现民族精神的价值内涵。她在中华民族发展历程中，在中国思想文化发展历史上，曾经起过积极的作用，迄今仍有合理价值，能够为中华文化的现代传承和创新发展起到积极作用，能够促进社会进步和民族发展，主要体现于思想文化的层面。质言之，所谓中国优秀传统文化，就是中华民族长期发展过程中形成的、有着积极的历史作用、至今具有重要价值的思想文化。”①

1. 天下为公、以民为本的价值取向和精神追求

在夏商时期，中华民族就提出了“民为邦本，本固邦宁”的重要思想，把老百姓作为国家的根本。在春秋战国时期，以民为本是诸子百家的共识。管仲鲜明地指出：“政之所兴，在顺民心；政之所废，在逆民心。”老子说：“圣人恒无心，以百姓之心为心。”孔子指出：“民以君为心，君以民为本”，“心以体全，亦以体伤。君以民存，亦以民亡。”（《礼记·缁衣》）荀子还曾形象地说：“君者，舟也；庶人者，水也。水则载舟，水则覆舟。”（《荀子·哀公》）孟子提出“民为贵，社稷次之，君为轻”的“民贵君轻”说。西汉的政治家贾谊不仅重新强调“民者，诸侯之本也”，而且具体指出“国以民为安危，君以民为威侮”（《新书·大政》）。唐太宗李世民则从隋亡的教训中总结出“为君之道，必须先存百姓”（《贞观政要·君道》）的道理。天下为公、以民为本的思想博大精深，为中华传统文化种下了富有人民性和革命性的基因，在长期的历史发展中反复经受实践检验而不断丰富和发展，形成多层次的核心价值观和坚定的精神追求。

① 李宗桂：《试论中国优秀传统文化的内涵》，《学术研究》，2013（11）。

"在马克思列宁主义指导下，中国共产党在领导中国革命、建设、改革的伟大实践中，把人民群众作为国家真正的主人，作为历史的创造者，一切为了人民，一切依靠人民，充分发挥人民群众的历史主动性，帮助人民推动历史前进。这是对中华民族优秀传统文化的继承和升华。在实现中华民族伟大复兴的奋斗中，坚定文化自信，必将使前人'天下为公'的理想和'以民为本'的传统在新的历史高度上得以发扬光大。"[①]

2. 自强不息、积极学习的进取精神和优良品质

"天行健，君子以自强不息"(《周易•乾》)。自然的运动刚强劲健，君子处事也应像天一样，力求进步，刚毅坚卓，发奋图强，永不停息。中华民族自古就有刚健、豪迈、不屈不挠的奋斗精神。《礼记•大学》中说"苟日新，日日新，又日新",《周易•革》也肯定："天地革而四时成，汤武革命，顺乎天而应乎人。革之时，大矣哉。"自古以来，中华民族遵从社会不断发展变化的思维方式，培养了善于学习、积极革新的品质。也正是这种品质，在"国之大变"时为中华民族逆境求存、生生不息提供了思维方法、有效路径和有力支撑。

在进取精神和优良品质的影响下，中华民族处于强盛时能够亲仁善邻、互学互鉴；逢"积弊日久"、民族危亡之境，能守望相助、共克时艰，有志之士能为国家安定、民族独立奔走求道、探寻新路，由此形成坚定的民族自信和"多难兴邦"的强大修复力。在中国共产党领导下，中国人民艰苦奋斗、积极进取，必将创造出更多举世惊羡的中国奇迹。

3. 以德服人、和而不同的包容精神和道德境界

《尚书·大禹谟》中说："正德、利用、厚生惟和。"其把"正德"列为平治天下三件大事之首。德是治理国家的方略。《管子·君臣下》说："道德定于上，则百姓化于下矣。"贤明的帝王君主讲究以德治国、以德化人。德也是个人修身所追求的道德境界。《周易》中讲"地势坤，君子以厚德载物",《论语》中载"志于道，据于德"。以德服人、以文化人是中华民族禀赋、中华民族特点的重要方面，先人们也早就认识到"远人不服，则修文德以来之"的道理。中华优秀传统文化对于德的重视和认识，体现为"和而不同""以和为贵"的价值追求。

《中庸》强调："万物并育而不相害，道并行而不相悖""五色交辉，相得益彰，八音合奏，终和且平。"指出只有充分尊重不同文化、不同民族之间的差异，多元包容，才能形成良性互动、和谐共生。"和而不同"有三层含义：第一，互相尊重、互相包容、互相理解；第二，互相学习；第三，学习之后，在多元文化的碰撞和交流中不断前进，生成更高的智慧，从而推动人类文明不断进步。由此看来，中华优秀传统文化提出的"和而不同"，应该成为每一个国家都自觉秉承的理念。中华民族多元、包容、并生的精神，在经济全球化时代，为不同民族、国家、思维方式、价值观如何友好平等相处提供了指导性原则。[②]

三、中华优秀传统文化的传承、弘扬与创造性转化

中华民族优秀传统文化凝练的精神实质，穿越时空，历久弥新，不仅对于中华民族有价值，在人类文明的发展史上也闪耀着智慧的光芒。

---

① 严昭柱：《在历史的启示中坚定文化自信，弘扬中华优秀传统文化》,《红旗文稿》, 2017(6)。
② 牛安生：《弘扬中华优秀传统文化》,《学习论坛》, 2013(7)。

（1）抽离和总结中华文化中超越时空的永恒智慧和价值，并融会贯通。中华文化智慧有对境智和大智慧之分。对境智，针对特定环境才有效；大智慧超越特定时空的限制，具有永恒的价值。中华文化对于人之所以为人的思考，对于人类如何自我超越的思考，对于如何正确处理人类面临的各种关系的思考等，都有永恒的价值，我们要总结中华文化中超越时空的永恒智慧和价值，融会贯通，把中华优秀传统文化传承好、弘扬好。①

（2）针对人类社会不同时代的挑战，提供中国智慧和中国方案。人类社会既有永恒的问题，也面临在不同时空、不同时代的挑战。一个民族文化的生命力，在很大程度上取决于如何正视人类社会面临的挑战，并提出自己的应对方案和智慧。面对现代社会的困境和积弊，中华文化完全可以以自己的智慧提出应对之策，从而让人类社会更美好。从这个意义上说，传承弘扬中华文化，具有世界意义。②

习近平总书记在党的十九大报告中提出："我们呼吁，各国人民同心协力，构建人类命运共同体，建设持久和平、普遍安全、共同繁荣、开放包容、清洁美丽的世界。"世界各国人民共同生活在地球上，你中有我、我中有你，一损俱损、一荣俱荣，所以要联动起来发展，要包容、互鉴，精诚合作，风雨同舟。人类命运同体是"君子和而不同""万物并育而不相害，道并行而不相悖"等中华文化精神在当代的体现。

（3）海纳百川，不断自我扬弃和升华。任何一个民族的文化都是良莠杂陈的，都存在各种各样的问题。有问题并不可怕，可怕的是这个民族没有不断解决问题从而不断升华的能力。中华优秀传统文化之所以永葆生机与活力，是因为其有两方面内在的能力：

其一，海纳百川的学习能力。任何伟大的民族，都有各自的优长，只有具备海纳百川的学习和融汇能力，才能不断发展壮大，才能永远与时俱进。正如孔子所说："三人行，必有我师焉；择其善者而从之，其不善者而改之。"

其二，正视问题并自我反省、自我净化、自我升华的能力。任何民族的文化都有各自的问题。真正的问题在于，一个民族的文化没有正视问题并自我扬弃、自我净化、自我超越的内在精神、内在机制和内在能力。这种自我革新和净化的能力，不仅表现为精神层面，而且表现为制度层面的设计。这种自我革新和净化的能力可帮助我们避免陷入封闭僵化的泥潭。

微评：中华民族几千年来绵延不息，其中一个重要原因是中华优秀传统文化的滋养；中华民族的伟大复兴，要依靠中华优秀传统文化的智慧和内在力量。在文化建设上，我们坚守中华文化立场，维护中华民族的精神独立，守护中华民族的精神家园。中华文化的精神标识，是中国人之所以为中国人的内在原因。我们要在此基础上，海纳百川、勇于学习、正视问题，不断自我超越、自我净化、自我升华，从而不断推进中华民族的永续发展，以中华优秀传统文化的智慧为人类文明做出更大贡献。

拓展阅读一

中美文化相结合　纽约百老汇共同演绎《孙悟空智斗牛魔王》

纽约当地时间2018年2月25日下午3点，百老汇亮起一道风景线：由沃

① 郭继承：《坚守中华文化立场弘扬中华优秀传统文化》，《宣讲家》，2017（11）。
② 郭继承：《坚守中华文化立场弘扬中华优秀传统文化》，《宣讲家》，2017（11）。

特少儿戏剧学院导演战克玮执导，旅美作曲家尤静波教授编剧、作曲，中国著名儿童音乐编曲家潘永峰编曲，世界和谐基金会主席 Frank Liu 担任美方监制的儿童音乐剧《孙悟空智斗牛魔王》在纽约百老汇 SHEEN CENTER LORETO 剧场成功公演。该剧由深圳沃特少儿戏剧学院学生主演，美国当地学生共同协作完成。

《孙悟空智斗牛魔王》的内容取材于中国四大名著之一的《西游记》，融合了中国京剧和美国嘻哈（Hip-Hop）等中西方文化元素，在京剧和摇滚相结合的音乐中，会功夫的孙猴子和会跳舞的牛魔王，在“吃唐僧”和“救唐僧”的对抗中，将中华传统文化与美国流行文化相结合，诙谐、生动地向美国青少年展示了中国儿童剧的魅力。

《国家宝藏》中《洛神赋图》守护人是一位 90 后杭州姑娘

该剧的主创人员力图通过中美两国文化的碰撞，促使中国传统文化更生动、更鲜活地走进海外青少年世界，通过孩子们喜闻乐见的儿童剧方式向美国少年儿童广泛传播中国文化。

（资料来源：https://baijiahao.baidu.com/s?id=1594069192565194183&wfr= spider&for=pc）

拓展阅读二

传承和弘扬中华优秀传统文化的政策措施

中华优秀传统文化是中华民族的精神命脉，是我们屹立于世界文化之林的坚实根基。坚守中华文化立场，坚持古为今用、推陈出新，秉持客观科学礼敬的态度，努力实现创造性转化和创新性发展。弃其糟粕、取其精华，从传统文化中提炼符合当今时代需要的思想理念、道德规范、价值追求，赋予新意、创新形式，进行艺术转化和提升，创作更多具有中华文化底色、鲜明中国精神的文艺作品。实施中华文化传承工程，通过国民教育、民间传承、礼仪规范、政策引导和舆论宣传、文艺创作等各个方面，传承中华文化基因。做好古籍整理、经典出版、义理阐释、社会普及工作。加强对中华诗词、音乐舞蹈、书法绘画、曲艺杂技和历史文化纪录片、动画片、出版物等的扶持。发展民族民间艺术，保护和发掘我国少数民族文艺成果及资源，保护和传承非物质文化遗产。实施地方戏曲振兴计划，做好京剧“像音像”工作，挖掘整理优秀传统剧目，推进数字化保存和传播。推进基层国有文艺院团排练演出场所建设，政府采购戏曲项目，提供公共文化服务，推进戏曲进校园。扶持中华文化基因校园传承工作，建设一批中华优秀传统文化教育基地。（摘自《中共中央关于繁荣发展社会主义文艺的意见》）

拓展阅读三

固本培元　弘扬中华优秀传统文化

我们的先人们，在长期实践中培育和形成了一整套传统美德规范。如中国古代就有崇仁爱、重民本、守诚信、讲辩证、尚和合、求大同等思想，其中就

有很多具有永恒价值的内容。我们要坚持马克思主义道德观、坚持社会主义道德观，在去粗取精、去伪存真的基础上，坚持古为今用、推陈出新，努力实现中华传统美德的创造性转化、创新性发展，教育引导人们向往和追求讲道德、尊道德、守道德的生活，形成向上的力量、向善的力量，让十三亿人的每一分子都成为传播中华美德、中华文化的主体。

——习近平《在十八届中央政治局第十二次集体学习时的讲话》(2013 年 12 月 30 日)

中华文化是我们提高国家文化软实力最深厚的源泉，是我们提高国家文化软实力的重要途径。要使中华民族最基本的文化基因与当代文化相适应、与现代社会相协调，以人们喜闻乐见、具有广泛参与性的方式推广开来，把跨越时空、超越国度、富有永恒魅力、具有当代价值的文化精神弘扬起来，把继承传统优秀文化又弘扬时代精神、立足本国又面向世界的当代中国文化创新成果传播出去。要系统梳理传统文化资源，让收藏在禁宫里的文物、陈列在广阔大地上的遗产、书写在古籍里的文字都活起来。

——习近平《在十八届中央政治局第十二次集体学习时的讲话》(2013 年 12 月 30 日)

培育和弘扬社会主义核心价值观必须立足中华优秀传统文化。牢固的核心价值观，都有其固有的根本。抛弃传统、丢掉根本，就等于割断了自己的精神命脉。对我们来说，博大精深的中华优秀传统文化是我们在世界文化激荡中站稳脚跟的根基。

——习近平《在十八届中央政治局第十三次集体学习时的讲话》(2014 年 2 月 24 日)

社会主义核心价值观，包括中华优秀传统文化，只有被普遍理解和接受，才能为人们自觉遵守奉行。要通过教育引导、舆论宣传、文化熏陶、实践养成、制度保障等，使社会主义核心价值观内化为人们的精神追求，外化为人们的自觉行动。

——习近平《在十八届中央政治局第十三次集体学习时的讲话》(2014 年 2 月 24 日)

中华优秀传统文化是中华民族的精神命脉，是涵养社会主义核心价值观的重要源泉，也是我们在世界文化激荡中站稳脚跟的坚实根基。增强文化自觉和文化自信，是坚定道路自信、理论自信、制度自信的题中应有之义。

——习近平《在文艺工作座谈会上的讲话》(2014 年 10 月 15 日)，人民出版社单行本，第 25 页。

拓展阅读四

冯远：中华优秀传统文化是我们文化自信的基础

习总书记明确指出："全党要坚定道路自信、理论自信、制度自信、文化自信""文化自信，是更基础、更广泛、更深厚的自信"。就我的理解，一个国家经济实力的增长，可以用“壮大”来比喻，一个国家的军事力量、自我防卫的力量可以用“强大”来表述，但是文化，只有当一个民族由内而外地表现出文化自信时，才能真正体现出一个民族创造精神的伟大。一个是壮大，一个是强大，一个是伟大。我想所有发展中国家在发展的过程中遭遇的问题，需要解决的问题，到最后取得巨大的成就，都经历了一个差不多的过程，一定经历了从不自信到自信。而中华民族有五千年的文明历史，并且未曾中断过，我们是世界历史上唯一一个历史没有中断过的文明古国，中华的优秀传统文化就是我们文化自信的基础。

我认为真正体现“文化自信”，应该是让中华民族的价值观、文化精神和审美理想，通过艺术作品、通过文化作品，向世界传播，被世界其他民族所接受。一种价值观念、一种文化理念、一种艺术创新成果能够被接受，这样才能说明一个国家、一个民族的真正强大，而不仅仅是经济壮大，不仅仅是军事强大，更是一个民族的伟大。

（资料来源：https://www.xinhuanet.com/talking/2016-11/25/c-1119992416.html）

推荐阅读

1. 李国良：《增进文化认同坚定文化自信》，《学习时报》，2016-10-27。
2. 蒙曼：《学习贯彻党的十九大精神，坚定弘扬中国传统文化》，宣讲家网，2018-01-31。
3. 仲呈祥：《中国优秀传统文化是中华民族最深厚的文化软实力》，《前线》，2018（1）。
4. 林晓希：《继承和创新优秀传统文化构筑当代中国精神》，《南方日报》，2018-02-05。

视频链接

中华优秀传统文化的传承创新

专题七

全面从严治党，筑牢执政之基

——奋力推进党的建设伟大工程

2014年，习近平总书记在江苏调研时提出了全面从严治党的要求，并把全面从严治党作为治国理政的重要内容之一，这在党的历史上是第一次。党的十八大以来，以习近平同志为核心的党中央紧紧围绕“党要管党，全面从严治党”提出了一系列新思想、新要求，推进了党的建设伟大工程，对中国特色社会主义事业的发展具有重要的理论意义和现实意义。我们要深刻认识全面从严治党、筑牢执政之基的重要性和必要性，掌握好党的十八大以来特别是十九大对全面从严治党的新要求，努力推进新时代党的建设伟大工程。

拓展阅读一

伟大工程是从哪里来的呢？这个概念在“四个伟大”中出现时间最早，可以追溯到20世纪30年代。1939年10月，毛泽东同志写的《〈共产党人〉发刊词》一文中，他总结了中国革命要取得胜利的三大法宝。这就是武装斗争、统一战线、党的建设。他认为，在这三个法宝中，党的建设是起关键作用的，提出要“建设一个全国范围的、广大群众性的、思想上政治上组织上完全巩固的布尔什维克化的中国共产党”。他把建设这样一个党称为是一个“伟大的工程”。改革开放后，我们党深刻认识到，要取得改革开放和社会主义现代化建设事业的成功，必须大力加强党的建设。换句话说，如果没有党的坚强领导，改革开放就不能顺利进行，社会主义现代化建设的奋斗目标就不能顺利实现。党的十四届四中全会根据世情国情党情发展变化的实际，提出坚持和加强党的领导，加强和改进党的建设，并把党的建设作为一个宏大的工程来实施，提出了“党的建设新的伟大工程”的命题和概念。从党的十四届四中全会起，党的建设新的伟大工程的概念一直使用到现在。党的十九大报告对以往使用的“党的建设新的伟大工程”进行了进一步提炼，形成了“伟大工程”的概念。

（作者：曲青山。资料来源：《中国纪检监察报》，2017年11月8日）

一、全面从严治党的必要性

中国特色社会主义建设事业必然要求中国共产党实施全面从严治党，规范和发展好党的政治建设、思想建设、组织建设、作风建设、纪律建设，并把制度建设贯穿于各项建设之中。

1. 中国共产党性质和宗旨的必然要求

中国共产党自成立以来，就始终是中国人民和中华民族的先锋队，是中国特色社会主义建设事业的领导核心，始终代表中国先进生产力的发展要求，始终代表先进文化的前进方向，始终代表最广大人民的根本利益。中国共产党始终坚持全心全意为人民服务的宗旨，才取得了今天的辉煌成绩。

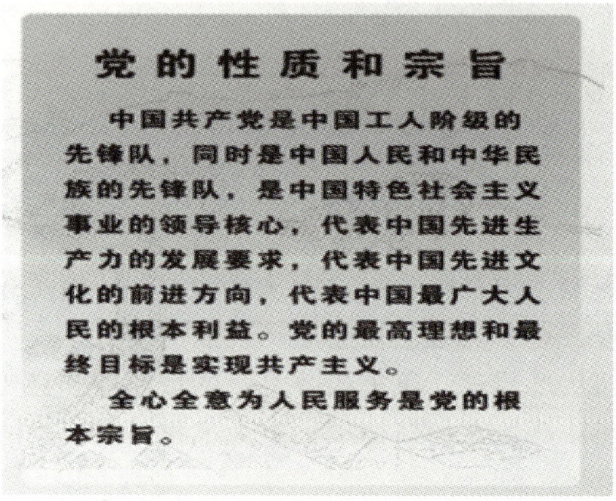

党的性质和宗旨

中国共产党是中国工人阶级的先锋队，同时是中国人民和中华民族的先锋队，是中国特色社会主义事业的领导核心，代表中国先进生产力的发展要求，代表中国先进文化的前进方向，代表中国最广大人民的根本利益。党的最高理想和最终目标是实现共产主义。

全心全意为人民服务是党的根本宗旨。

图 7-1：党的性质和宗旨

在中国特色社会主义进入新时代的今天，社会经济越发展，改革开放的力度越大，对党的治理就越严格。所有党员都要严格遵守党的纪律，没有例外，都要严格遵守党纪，自觉维护党章权威。中国共产党只有做到纪律严明、组织严密、管理严格、监督严肃，自始至终保持党的纯洁性与先进性，才能够更好地完成历史使命，才能够不辜负中国人民的重托。党的十八大以来，我们党始终本着从党性出发，坚持全心全意为人民服务的宗旨，在全面从严治党方面取得了重大成就，得到了广大人民群众的信任和拥护，进一步筑牢了执政之基。

专家解读

坚持党的全面领导是当代中国最高政治原则。维护党中央权威和集中统一领导，关系到党和国家的前途命运，是一个大是大非的原则问题，绝不是一般问题和个人的事。“从近年来查处的腐败案件可以看出，很多腐败问题的发生就在于一些党员干部不讲政治、不守纪律，对中央要求置若罔闻，对中央决策部署阳奉阴违，以致在腐败的道路上越走越远。”

——庄德水（北京大学廉政建设研究中心副主任）

新时代推进全面从严治党，必须加强党的全面领导。党中央做出的决策部署，各级党组织都要不折不扣地贯彻落实，确保始终在政治立场、政治方向、政治原则、政治道路上同党中央保持高度一致，“在推进全面从严治党过程中，要增强维护习近平总书记作为党中央的核心、全党的核心地位的思想自觉和行动自觉，坚决维护党中央权威和集中统一领导，坚定不移把党中央决策部署落到实处”。

——过勇（清华大学党委副书记、廉政与治理研究中心主任）

专家解读

只有坚持党的领导，才能加强和改善党的领导，只有不断加强党的全面领导，才能更好地坚持党的领导。如何加强和改善党的领导？“要全面贯彻习近平新时代中国特色社会主义思想，推进全面从严治党向纵深发展；要改进党的领导方式和执政方式，推进治理现代化，保证党领导人民有效治理国家；也要把党的领导落实到全面依法治国的全过程全领域，坚定不移走中国特色社会主义法治道路。”

——蔡志强（中国纪检监察学院党委副书记、纪委书记）

2. 中国共产党执政经验总结的必然要求

党的管理制度和体系是从中国共产党建党以来逐渐确立和完善的，党规党纪的建立经历了从小到大、从粗到细、从宽到严、从无到有的过程，中国共产党通过不断总结执政经验与教训，清醒认识到只有坚持党要管党、全面从严治党，才能筑牢执政之基。

以毛泽东为核心的第一代中央领导集体在领导中国革命的过程中，不断总结经验教训，提出了从严治党的思想。1929 年 12 月，毛泽东同志亲笔起草的《古田会议决议》就充分体现了从思想上和组织上建党的精神，之后在延安整风运动中，他又明确提出“反对主观主义以整顿学风、反对宗派主义以整顿党风、反对党八股以整顿文风”。毛泽东同志的党建思想，为党的思想建设奠定了坚实的理论基础。中国共产党是一个善于总结经验教训的无产阶级政党，如在延安时期就做出了《关于若干历史问题的决议》；中共八大上总结的历史经验和教训，以及党的十一届六中全会通过的《关于建国以来党的若干历史问题的决议》，都是中国共产党吸取经验教训的典范。随着改革开放的不断深入，党面临的形势越来越严峻，在中国特色社会主义理论体系，尤其是习近平新时代中国特色社会主义思想的指引下，全面从严治党有了更高的标准和要求，因而对奋力推进党的建设伟大工程需要做出全面的安排和部署。

拓展阅读二

“思想建党”的发展历程

“思想建党”是马克思主义的重要建党原则，也是中国共产党 90 多年建党实践的科学总结，它的丰富和发展是一个逐步演化、深入的过程，更是一条贯彻党建的主线。

1929 年古田会议确立了“思想建党”的基本原则。毛泽东明确指出，在一个落后的、以农民成分为主的国度里，通过加强马克思主义理论武装、加强在改造客观世界的同时对主观世界的改造，把大量的非工人成分出身甚至是剥削阶级出身的人转变成为工人阶级的先锋战士，保持了党的无产阶级先锋队性质；在半殖民地半封建中国的农村与战争环境中建设新型的无产阶级政党，找到了无产阶级政党建设的根本规律，为中国共产党的建设开辟了一条成功的道路。

正是在这样一条原则的指导下，瓦窑堡会议将思想建党正式写入中央决议，明确提出“应该使党成为一个共产主义的熔炉”。抗战期间，毛泽东又写

下了《反对本本主义》《改造我们的学习》等重要著作，并提出“团结—批评—团结”的原则和“惩前毖后、治病救人”的方针，进一步丰富了思想建党的理论。1949年七届二中全会更是提出“两个务必”的重要论断，告诫全党务必继续保持谦虚、谨慎、不骄、不躁的作风；务必继续保持艰苦奋斗的作风。中华人民共和国成立后，党进行了多次整党整风运动，着重从思想上建党。思想建党，不仅是我们党的一大理论创造，也成为民主革命时期和中华人民共和国成立以后党的建设的基本原则之一。

（作者：高中华。资料来源：《政工研究动态》，2009年第20期）

3. 中国共产党执政地位的必然要求

中国共产党领导中国人民取得了新民主主义革命的胜利，建立了中华人民共和国，经历了从站起来到富起来，再到强起来的跨越。在历史的长河中，中国共产党的执政地位从来没有动摇过，这是因为我们党始终保持纯洁性和先进性。面对新的党情国情世情，党的建设还是存在诸多问题，如学风问题、作风问题、纪律问题、能力问题等。

针对新形势下的新问题，习近平总书记多次强调：“党内要时刻保持纯洁性和先进性，要能够忍受住社会主义建设现代化和改革开放过程中的种种诱惑和压力。”党的十八大以来，中国共产党对于腐败之风实行零容忍，对于撼动党的执政地位、削弱党的执政能力的“蛀虫”更是严惩不贷。近几年很多“大老虎”和“小苍蝇”纷纷落网，既体现了中国共产党反腐倡廉的力度和效果，也体现了中国共产党有别于其他任何政党的显著特征。复杂的国际国内环境和诸多需要解决的难题，对党的建设提出了更高的要求。中国共产党只有始终坚持全面从严治党，才能筑牢党的执政之基，确保党始终成为中国特色社会主义事业的领导核心。

专家解读

不敢腐、不能腐、不想腐，是从强力治标到标本兼治、从外在约束到内在自觉的过程。靠的不仅仅是严管，还要有坚定的理想信念，不断提高党员的政治觉悟，坚定理想信念，让党员干部时刻挺起共产党人的脊梁。

——汪玉凯（国家行政学院教授）

当我们的广大党员干部在不敢腐、不能腐的基础上，逐步走向不想腐的时候，我们就越来越接近反腐败的压倒性胜利。

——杨晓渡（中央纪委副书记、监察部部长）

五年来，全面从严治党成效卓著。以习近平同志为核心的党中央勇于面对党面临的重大风险考验和党内存在的突出问题，以顽强意志品质正风肃纪、反腐惩恶，消除了党和国家内部存在的严重隐患，挫败了一些政治阴谋，党内政治生活气象更新。党内政治生态明显好转，党的创造力、凝聚力、战斗力显著增强，党的团结统一更加巩固，党群关系明显改善，党在革命性锻造中更加坚强，焕发出新的强大生机与活力，为党和国家事业发展提供了坚强政治保证。

——陈志刚（中国社会科学院马克思主义研究院中国化部副主任）

二、全面从严治党新要求

2017 年 10 月 18 日，中国共产党第十九次全国代表大会在北京召开，习近平总书记向大会做了重要报告，报告中回顾了党的十八大以来加强党的建设历程，对新形势下全面从严治党提出了新的要求。

1. 思想意识要求更高

习近平总书记在十九大报告中对全党同志思想政治教育提出了更高的要求，在总结过去五年全面从严治党取得的卓越成绩时也强调必须全面加强党的领导和党的建设，一定要改变管党治党宽、松、软的状况。在加强思想教育方面，主要强调要坚持“四个意识”，即增强政治意识、大局意识、核心意识、看齐意识；坚持“四个自信”，即道路自信、理论自信、制度自信、文化自信；坚持照镜子、正衣冠、洗洗澡、治治病的要求；坚持开展“三严三实”专题教育；坚持推进“两学一做”学习教育常态化制度化；坚持党的群众路线教育实践活动等，在坚持学习和实践中，使全党的思想意识提高到更高的层次。要引导广大党员干部把学习的理论成果转化为提升党性修养和思想境界的精神营养，做到真学、真懂、真信、真用。 习近平总书记强调：“坚定理想信念，坚守共产党人精神追求，始终是共产党人安身立命的根本。”中国共产党在历史的长河中之所以能够经受住一次又一次的挫折与考验，而一次又一次地站起来，归根到底是因为我们党有崇高的理想和追求。

2. 组织建设要求更全

党的十八大以来，党中央大力开展了“三严三实”专题教育、“两学一做”学习教育、党的群众路线教育实践活动等，丰富了党建工作的具体内容，提高了党的执政能力和执政水平。

首先是要把握好干部选拔任用标准，建立高素质的干部队伍。只有贯彻好新时期好干部标准，才能从根本上改变选人用人的状况，把人的问题作为切入点，使党内风气得到根本性好转。其次是要坚持和完善党的组织管理体制，提高党的组织能力，确保党能始终总揽全局、协调各方。最后是坚持民主集中制，严肃党内政治生活。在强化“四个意识”的同时，净化政治生态，通过开展教育实践活动，提高党性修养。习近平总书记在十九大报告中强调：“必须以党章为根本遵循，把党的政治建设摆在首位，思想建党和制度治党同向发力，统筹推进党的各项建设，抓住‘关键少数’，坚持‘三严三实’，坚持民主集中制，严肃党内政治生活，严明党的纪律，强化党内监督，发展积极健康的党内政治文化，全面净化党内政治生态，坚决纠正各种不正之风，以零容忍态度惩治腐败，不断增强党自我净化、自我完善、自我革新、自我提高的能力，始终保持党同人民群众的血肉联系。”

3. 制度保障要求更严

深入推进党的制度建设和改革，使党内的法规制度体系不断完善。在党群关系上，强调着力解决人民群众反映最强烈、对党的执政基础威胁最大的突出问题。中央出台的“八项规定”，严厉整治了形式主义、官僚主义、享乐主义和奢靡之风，坚决反对特权，这些规定对全党同志的言行起到了重要的约束作用。巡视利剑彰显出重要力量，自上而下地实现

中央和省级党委巡视全覆盖，这为制度落地起了重要作用。在党的十九大报告中，习近平总书记强调："坚持反腐败无禁区、全覆盖、零容忍，坚定不移'打虎'、'拍蝇'、'猎狐'，不敢腐的目标初步实现，不能腐的笼子越扎越牢，不想腐的堤坝正在构筑，反腐败斗争压倒性态势已经形成并巩固发展。"正是因为我党勇于面对重大风险的考验和党内存在的严重问题，在反腐倡廉这块硬骨头上，以顽强意志正风肃纪、反腐惩恶，从根本上消除党内存在的严重隐患，党内政治生态明显改善，党群关系明显好转，党的凝聚力、战斗力和创造力不断增强，为党和国家事业发展提供了强有力的制度保障。

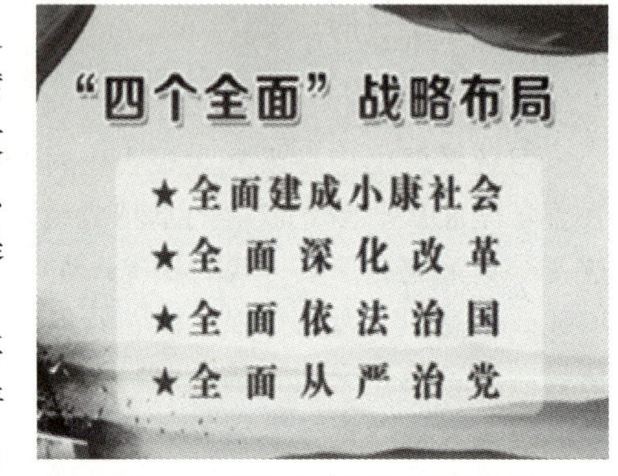

图 7-2 "四个全面"战略布局

总而言之，奋力推进党的建设的伟大工程需要把握好新时代党的建设的指导方针，坚持全面从严治党，从而不断提高党的自我革新、自我完善、自我净化和自我提高的能力，自始至终保持与人民群众的血肉关系，自始至终保持党的先进性和纯洁性，全方位推动党的政治、思想、组织、作风、纪律以及制度等方面的建设，开启党的建设新的伟大征程。

专家解读

党的十九大对全面从严治党提出了新的要求。最重要的是坚持两个"毫不动摇"：一是毫不动摇坚持党对一切工作的领导，这是十九大的一个重点，并且被写进了党章。我们今天突出强调党的领导，一个重点就是要自觉维护党中央的权威，坚持党中央的集中统一领导。二是毫不动摇坚持加强党的建设，坚持全面从严治党。新时代中国共产党一个执政使命就是实现我们的伟大梦想。而要实现伟大梦想，就必须加强党的自身建设。

十九大对新时代党的建设提出了一个总要求，即坚持和加强党的全面领导，坚持党要管党、全面从严治党，以加强党的长期执政能力建设、先进性和纯洁性建设为主线，以党的政治建设为统领，以坚定理想信念宗旨为根基，以调动全党积极性、主动性、创造性为着力点，全面推进党的政治建设、思想建设、组织建设、作风建设、纪律建设，把制度建设贯穿其中，深入推进反腐败斗争，不断提高党的建设质量，把党建设成为始终走在时代前列、人民衷心拥护、勇于自我革命、经得起各种风浪考验、朝气蓬勃的马克思主义执政党。

——冯小敏（上海市党建研究会常务副会长）

三、新时代全面推进党的建设伟大工程

中国共产党在不同的历史时期党肩负着不同的历史任务，自始至终都将党的伟大事业与党的建设伟大工程紧密联系，管党治党的水平不断提升，在奋力推进党的建设伟大工程方面做出了巨大努力。

1. 坚定党的理想信念

中国共产党的远大理想就是要实现共产主义。共产主义理想无论过去、现在还是将来，都始终是我党的最终奋斗目标。中国共产党之所以坚强有力，很重要的一个原因就是中国共产党人有理想信念。习近平总书记指出，“理想信念就是共产党人精神上的‘钙’，没有理想信念，理想信念不坚定，精神上就会‘缺钙’，就会得‘软骨病’。”理想信念是共产党人精神上的“钙”，广大党员务必要坚定理想信念，不断学习和践行习近平新时代中国特色社会主义思想，保持共产党员应有的品质，扎扎实实地稳固中国共产党的执政根基。实际上，对马克思主义的信仰，就是对社会主义和共产主义的信仰，这是共产党人的政治灵魂，是共产党人能经受住考验的精神脊梁。

2. 坚持党的宗旨

新时代奋力推进党的建设伟大工程是促进中国特色社会主义伟大事业发展的必经之路。十八大以来，在以习近平同志为核心的党中央领导下，中国步入了新的历史发展期，在新的历史起点上坚持和发展中国特色社会主义，我们党面临的执政考验、改革开放考验、市场经济考验、外部环境考验是非常复杂和十分严峻的，同时还面临着精神懈怠危险、脱离群众危险、能力不足危险、消极腐败危险，这就对我们党执政提出了更高的要求。我们要更加努力地坚持党的宗旨，把人民对美好生活的追求作为我党的奋斗目标，把人民的利益作为我党治国理政的出发点和归宿点。习近平总书记在党的群众路线教育实践活动总结大会上强调，党的形象和威望、党的创造力凝聚力战斗力不仅直接关系党的命运，而且直接关系国家的命运、人民的命运、民族的命运。只有坚持全心全意为人民服务的宗旨，保持良好的党群关系，才能真正筑牢党的执政之基。

3. 做好党的自我革新

习近平总书记指出：“要着力解决党自身存在的突出问题，要求保持党的先进性和纯洁性，提高执政能力和领导水平，坚持和发扬党的优良传统和作风，增强抵御风险和拒腐防变能力。”这既是我们党坚持从实际出发全面从严治党，保持我党的先进性和纯洁性的根本之策，也是我们党坚定理想信念、坚持党性标准，把党和国家、人民的事业推向前进的根本之举。习近平总书记指出，要取得中国特色社会主义伟大胜利，就要不断进行中国共产党的自我革命，强化党建工作。新时代党的建设伟大工程决定着中国共产党的伟大斗争、伟大事业、伟大梦想，中国共产党要进行新时代的伟大斗争就要全面掌握新时代的特点，团结人民群众，解决新矛盾、克服阻力、抵御风险。党的建设伟大工程涉及很多内容和领域，所有党员都要坚决反对否定、歪曲和削弱党的领导的言行，坚决反对脱离人民群众、伤害人民群众利益的言行；坚决反对影响社会稳定与和谐、分裂国家、破坏民族团结和有损国家利益的言行。中国共产党要面对和解决新时代的金融、政治、社会、文化等领域出现各种问题和困难，只有中国共产党不断进行自我革命，给中国共产党的先进性、纯洁性保鲜，将中国共产党建设得更加强劲有力，确保中国共产党具有强大的战斗力和旺盛的生命力，党才能够领导全国民众从容面对和解决经济、政治、社会、文化和生态文明等领域的种种风险和问题。此外，所有党员都要严于律己，不断地进行自我反省、自我警示、自我鼓励，时刻保持作为一名中国共产党党员的政治本色。

4. 严肃党内政治生活

严肃党内政治生活是全面从严治党的必然要求，党内政治生活在一定程度上决定党的组织和作风建设，决定党的战斗力、凝聚力和创造力，全面从严治党必须从党内政治生活严起，才能做好党内各项工作。习近平总书记指出，党内政治生活是党组织教育管理党员和党员进行党性锻炼的主要平台。有什么样的党内政治生活，就有什么样的党员和干部作风，从严治党最根本的就是要使全体党员、干部、党的各级组织都按照党内政治生活准则和党的各项规定办事。习近平总书记在庆祝中国共产党成立95周年大会上强调，我们要加强和严肃党内政治生活，严肃党的政治纪律和政治规矩，增强党内政治生活的政治性、时代性、原则性、战斗性，全面净化党内政治生态。全党同志要增强政治意识、大局意识、核心意识、看齐意识，切实做到对党忠诚、为党分忧、为党担责、为党尽责。努力建设好党员队伍，改革干部人事制度，广开贤路，培养和录用具有良好品德、坚定的政治立场、突出的专业成绩的人才，不断培养和建设具有优良素质、突出作用、适度规模、合理结构的人才队伍，增强党员的凝聚力、战斗力和创造力，为建设中国特色社会主义现代化提供人才保障。

拓展阅读三

党内政治生活严起来

“党内政治生活是党组织教育管理党员和党员进行党性锻炼的主要平台，从严治党必须从党内政治生活严起。”习近平总书记在党的群众路线教育实践活动总结大会上明确提出了党内政治生活的新要求，释放出在全党严肃认真开展党内政治生活将成为从严治党新常态的强烈信号。

办好中国的事情，关键在党。风清气正的党内政治生活，不仅决定着党员队伍的精神状态，对整个社会风尚和国家治理，同样有着举足轻重的影响。

党风一头挑着政风，一头挑着民风。实现干部清正、政府清廉、政治清明，关键是要“营造一个良好从政环境，也就是要有一个好的政治生态”。良好的政治生态，首先来自严格的党内政治生活，使全党各级组织和全体党员、干部都按照党内政治生活准则和党的各项规定办事。

这次教育实践活动的一个重大成果，就是恢复和发扬了批评与自我批评的优良传统，探索了新形势下严肃党内政治生活的有效途径。在教育实践活动中，我省各级各地广大党员干部从严从实查摆问题，敞开心扉谈心交心，对潜伏于身的顽瘴痼疾“抽丝剥茧”，把内心深处的小九九“掰开揉碎”，专题民主生活会和组织生活会既“辣味”十足，又坦诚中肯，实现了思想的提升、灵魂的净化。不少同志感慨，自己真正经历了一次严格的党内生活锻炼和深刻的思想政治洗礼。

习近平总书记多次强调：“要增强党内生活的政治性、原则性、战斗性，使各种方式的党内生活都有实质性内容，都能有针对性地解决问题。”严肃的党内生活，是锤炼党性、坚定信仰、提高觉悟的大熔炉，是各级领导班子交流思想、增进团结、加强自身建设的重要平台。在这样的熔炉里反复淬火打磨，才有可能提高党员先进性、纯洁性的成色，升华党员干部的理想信念，增强党组织的战斗力。

严肃的党内政治生活，既是巩固活动成果的重要环节，也是党组织增强自我净化、自我完善、自我革新、自我提高能力的重要途径。抓住了这个关键点，也就抓住了解决党内矛盾和问题的钥匙。

切实强化党性锻炼，严肃党内政治生活，就必须坚持和落实好党内政治生活制度，以严格的党内生活提升思想道德水平，强化组织纪律修养；要进一步严明政治纪律，坚决维护中央的权威，决不允许说一套做一套，决不允许各自为政、自行其是；就必须严格执行落实民主集中制原则，进一步端正和纯洁党内上下关系、人际关系，不允许搞团团伙伙、帮帮派派，不允许搞利益集团、进行利益交换；就必须用够用好批评和自我批评这个有力武器，坚决纠正党内政治生活随意化、平淡化、娱乐化、庸俗化等倾向。

（资料来源：《湖南日报》，2014 年 10 月 18 日）

习近平总书记在党的十九大报告中提出，“全面从严治党永远在路上”，在十九届中央纪委二次全会上再次强调要“重整行装再出发，以永远在路上的执着把全面从严治党引向深入”。由此可见，全面从严治党已渗透到党内生活的各个方面。中国共产党在全面从严治党的路上要做好自我革命、自我净化，坚决服从以习近平同志为核心的党中央领导，稳固党的执政之基，奋力推进党的建设伟大工程。

推荐阅读

1.《以党的十九大精神为指导　深入推进全面从严治党》，
http：//theory.people.com.cn/n1/2018/0108/c40531-29752029.html。

2.《十九大代表热议全面从严治党》，
http：//theory.cyol.com/content/2017-10/24/content_16616927.htm。

3.《全面贯彻落实党的十九大精神　以永远在路上的执着把从严治党引向深入》，
http：//cpc.people.com.cn/n1/2018/0112/c64094-29760190.html。

4.《全面从严治党永远在路上——学习习近平总书记讲话　推进全面从严治党》，
http：//news.cntv.cn/2016/01/13/VIDECrTe0atG1VoY7s2xgv8u160113.shtml?fromvsogou=1。

视频链接

《将改革进行到底》第九集

专题八

守住绿水青山　建设美丽中国

——党的十八大以来生态文明建设综述

恩格斯在《自然辩证法》一书中曾深刻地指出："我们不要过分陶醉于我们人类对自然界的胜利。对于每一次这样的胜利，自然界都对我们进行报复。""美索不达米亚、希腊、小亚细亚以及其他各地的居民，为了得到耕地，毁灭了森林，但是他们做梦也想不到，这些地方今天竟因此而成为不毛之地。"

习近平总书记曾深刻地指出："我们既要绿水青山，也要金山银山。宁要绿水青山，不要金山银山，而且绿水青山就是金山银山。"这段话高度浓缩又精准地概括出了"绿水青山就是金山银山"这一生态文明新理念的深刻内涵，也高屋建瓴地指明了我们今后的发展方向与价值次序，坚定了生态文明建设与生态文明发展的信心。

绿水青山就是金山银山，也是基于历史与现实的正确价值取向。我国人口多，能源资源相对不足，生态环境承载能力有限，必须避开发展陷阱，不能走欧美"先污染后治理"的老路。只有更加重视生态环境这一生产力要素，更加尊重自然生态的发展规律，保护和利用好生态环境，才能更好地发展生产力，在更高层次上实现人与自然的和谐。

一、"绿水青山就是金山银山"科学论断的提出

2005 年 8 月 15 日，时任浙江省委书记的习近平到安吉县荒坪镇余村考察。在座谈会上，村干部介绍了关停污染环境的矿山，然后靠发展生态旅游实现了"景美、户富、人和"。习近平听了高兴地说："我们过去讲，既要绿水青山，又要金山银山。其实，绿水青山就是金山银山。"9 天后，习近平在《浙江日报》发表《绿水青山也是金山银山》的评论，鲜明地提出，如果把"生态环境优势转化为生态农业、生态工业、生态旅游等生态经济的优势，那么绿水青山也就变成了金山银山"。

2006 年 3 月 8 日，习近平在中国人民大学的演讲中深刻论述了"两山"理论的辩证关系。他说："第一个阶段是用绿水青山去换金山银山，不考虑或者很少考虑环境的承载能力，一味索取资源。第二个阶段是既要金山银山，但是也要保住绿水青山，这时候经济发展和资源匮乏、环境恶化之间的矛盾开始凸显出来，人们意识到环境是我们生存发展的根本，要留得青山在，才能有柴烧。第三个阶段是认识到绿水青山可以源源不断地带来金山银山，

绿水青山本身就是金山银山，我们种的常青树就是摇钱树，生态优势变成经济优势，形成了一种浑然一体、和谐统一的关系，这一阶段是一种更高的境界，体现了科学发展观的要求，体现了发展循环经济、建设资源节约型和环境友好型社会的理念。以上这三个阶段，是经济增长方式转变的过程，是发展观念不断进步的过程，也是人和自然关系不断调整、趋向和谐的过程。”当然，这三个阶段不是僵化的，有的地方如生态环境优势区、敏感区、脆弱区，从一开始就应坚守绿水青山就是金山银山的发展理念。

2006 年 7 月 29 日，习近平到丽水调研时，在称赞丽水良好生态环境的同时，谆谆告诫当地干部：“绿水青山就是金山银山，对丽水来说尤为如此。”丽水“守住了这方净土，就守住了金饭碗”。在一些国际场合，习近平也抓住机会生动讲述“两山”理论的辩证关系。例如，2013 年 9 月 7 日，他在哈萨克斯坦纳扎尔巴耶夫大学发表演讲回答学生们提出的环境保护问题时说：“我们既要绿水青山，也要金山银山。宁要绿水青山，不要金山银山，而且绿水青山就是金山银山。”

2015 年 3 月 24 日，习近平主持召开中央政治局会议，通过了《关于加快推进生态文明建设的意见》，正式把“坚持绿水青山就是金山银山”的理念写进中央文件，成为中国加快推进生态文明建设的重要指导思想。

“绿水青山就是金山银山”，是一个影响深远的生态文明新理念，这一生态文明新理念既高瞻远瞩，又切实可行，不仅成为我国“五位一体”总体布局和“四个全面”战略布局的重要内容，而且在世界范围内产生了广泛影响与共鸣。

二、党的十八大以来的生态文明建设

党的十八大以来，从山水林田湖草的“命运共同体”初具规模，到绿色发展理念融入生产生活，再到经济发展与生态改善实现良性互动，以习近平同志为核心的党中央将生态文明建设推向新高度，形成人与自然和谐共生的现代化建设新格局，美丽中国新图景徐徐展开。

1. 从保护到修复，着力补齐生态短板

党的十八大将生态文明建设纳入中国特色社会主义事业“五位一体”总体布局，“美丽中国”成为中华民族追求的新目标。习近平同志在党的十九大报告中提出要加快生态文明体制改革，建设美丽中国。习近平说，人与自然是生命共同体，人类必须尊重自然、顺应自然、保护自然。我们要建设的现代化是人与自然和谐共生的现代化，既要创造更多物质财富和精神财富以满足人民日益增长的美好生活需要，也要提供更多优质生态产品以满足人民日益增长的优美生态环境需要。必须坚持节约优先、保护优先、自然恢复为主的方针，形成节约资源和保护环境的空间格局、产业结构、生产方式、生活方式，还自然以宁静、和谐、美丽。

（1）修复陆生生态，还人间以更多绿色。我国积极开展国土绿化行动，从 2012 年到 2017 年，我国年均新增造林超过 9000 万亩。森林质量提升，良种使用率从 51%提高到 61%，

造林苗木合格率稳定在90%以上，累计建设国家储备林4895万亩。恢复退化湿地30万亩，退耕还湿20万亩。118个城市成为“国家森林城市”，其中，四川已经有成都、西昌、泸州、广元、广安、德阳、绵阳7个国家森林城市。此外，三北防护林体系工程启动两个百万亩防护林基地建设。

（2）防治水土流失，还大地以根基。从2012年到2017年，我国治理沙化土地1.26亿亩，荒漠化沙化呈整体遏制、重点治理区明显改善的态势，沙化土地面积年均缩减1980平方千米，实现了由“沙进人退”到“人进沙退”的历史性转变。不过，荒漠化和沙化依然是我国永续发展的民生之患、民心之痛，防沙治沙形势依然严峻，任务依然艰巨。

（3）修复水生生态，还生命以家园。从2012年到2017年，全国地表水国控断面Ⅰ-Ⅲ类水体比例增加到67.8%，劣Ⅴ类水体比例下降到8.6%，大江大河干流水质稳步改善。

图8-1：围绕成都市中心城区的“翡翠项链”：环城生态带

（图版来源：http：//www.gatv.com.cn/show-33-22895-1.html）

2. 从制度到实践，绿色发展提速增效

2015年4月，中共中央、国务院印发了《关于加快推进生态文明建设的意见》，明确了生态文明建设的总体要求、目标愿景、重点任务、制度体系。同年9月，《生态文明体制改革总体方案》出台，提出了健全自然资源资产产权制度、建立国土空间开发保护制度、完善生态文明绩效评价考核和责任追究制度等。

（1）生态环保法制建设不断健全。《大气污染防治行动计划》《水污染防治行动计划》《土壤污染防治行动计划》陆续出台，被称为“史上最严”的新《中华人民共和国环境保护法》从2015年1月1日起施行，在打击环境违法犯罪方面力度空前。

拓展阅读一

《环境保护法》修正案为生态文明建设提供有力保障

《环境保护法》自1989年颁布实施后，随着社会的发展，已暴露出诸多缺

陷和不足，主要是立法理念已不适应时代变化的要求、法律定位不清晰、政府环境责任难落实、与单项法的衔接不顺等。25 年后，历经四次审议，2014 年 4 月 24 日，十二届全国人大常委会第八次会议审议表决通过了《环境保护法》修正案。该法将于 2015 年 1 月 1 日起施行。

2005 年，我国松花江污染事件给当地经济社会发展造成巨大损失，却因当时《水污染防治法》明确对污染企业的处罚上限为 100 万元，最终相关部门对责任企业开出最大罚单仅为 100 万元，成为我国环保史上的一大尴尬。

“违法成本低”是我国环保法律法规长期存在的痼疾。《环境保护法》修订后，一是增设按日计罚。新法明确规定，企业事业单位和其他生产经营者违法排污，受到罚款处罚，被责令改正而拒不改正的，按照原处罚数额按日连续处罚。这一处罚，上不封顶，将极大地提高违法成本。

（资料来源：http：//env.people.com.cn/n/2014/1025/c1010-25906341.html）

为配合“史上最严”的新环保法“动真格”，环保部发布按日计罚、查封扣押、限产停产、信息公开的 4 套具体办法。8 种环境违法行为纳入按日计罚，按日计罚的最大处罚期限为 30 天。而“按日计罚”的最大特点就在于重罚。业内人士算过一笔账，2005 年松花江水污染事故造成严重损害，根据原来处罚的办法最多罚 100 万元。新环保法实施后，启动按日计罚，那可能就是每天罚 900 多万元。

（2）生态环保执法监管力度空前。压减燃煤、淘汰黄标车、整治排放不达标企业，启动大气污染防治强化督查……一系列环保重拳出击，带来了更多蓝天碧水。

中国积极参与国际治理行动。长期以来，广大发展中国家参与全球绿色治理行动的基本前提是必须接受西方发达国家所制定的环境规则。但是，随着人类面临的资源环境约束不断趋紧，这些环境规则的不合理性日益凸显。

当前，中国在全球绿色治理行动中发挥着越来越重要的作用。世界上以中国为最大贸易伙伴国的国家超过 120 个。中国顺应全球发展趋势提出的“一带一路”建设，覆盖人口超过世界人口的 60%，国民生产总值约占全球的 1/3。2013 年以来，“一带一路”建设从倡议走向实践、从愿景变为行动，进展和成果超出预期，合作伙伴越来越多，影响力和号召力日益增强。“一带一路”建设为中国参与全球绿色治理行动、推动建立公正合理的环境规则提供了最佳平台，也为改善全球绿色治理提供了广阔的“试验场”。

3. 从理念到成效，经济社会发展迈向更高端

G20 峰会期间，繁华和古韵交织的杭州让世人惊艳。杭州破解了保护与发展的难题，实现了生态与经济的良性互动，成为“美丽中国先行区”。

中国绿色发展为世界贡献了中国方案。2016 年，联合国环境规划署发布《绿水青山就是金山银山：中国生态文明战略与行动》报告。中国的生态文明建设理念和经验，正在为全世界可持续发展提供重要借鉴。

拓展阅读二

成都天府绿道：抓生态文明建设再现

成华区打造“两轴、两带、四河、四道”预计 2019 年底基本建成。成华区着力打造“两轴、两带、四河、四道”的整体绿道体系。两轴：新成华大道、中环路，为人文联动轴，突出成华产业新格局。两带：锦城绿道、熊猫绿道，定位乐活生态廊，自然共生。四河：锦江、沙河、方家河、东风渠，四纵贯穿，形成各有特色的亲水新绿廊。四道：熊猫大道、川陕路、蜀龙路、成洛路，形成多彩慢行的新生活。预计于 2019 年底左右，成华区的绿道体系将基本建成。

成都规划全国目前最长的绿道系统。成都按照“景观化、景区化、可进入、可参与”的原则，以人民为中心、以生态为本底、以文化为特色，建设展现天府文化、体现国际水准的天府绿道，描绘绿满蓉城、花重锦官、水润天府的蜀川画卷，实现全域增绿，建设“公园城市”。全域规划形成区域级、城区级、社区级共 16 930 千米的三级天府绿道体系。

分级分类推动实施到 2040 年市域绿道体系全面成网。其中区域级天府绿道为“一轴两山三环七带”。具体而言，“一轴”为锦江绿道，沿锦江从都江堰紫坪铺至双流黄龙溪，总长度约 200 千米。“两山”为龙门山森林绿道，沿龙门山东侧，长度约 350 千米；龙泉山森林绿道，沿龙泉山西侧，长度约 200 千米。“三环”包括熊猫绿道，沿三环路总长 100 千米，以慢行交通为主，兼具生态、休闲、体育、文化等功能；锦城绿道，依托环城生态带，主线总长度 200 千米（次线 300 千米）；田园绿道，沿第二绕城高速路总长度约 300 千米。“七带”则为滨河绿道，包含走马河、江安河、金马河、杨柳河-斜江河-邺江河-临溪河、东风渠、沱江-绛溪河、毗河，总长度约 570 千米。

（资料来源：http：//scnews.newssc.org/system/20180307/000860278.html）

三、生态文明建设，从我做起

新形势下，“美丽中国”成为中华民族追求的新目标。从“盼温饱”到“盼环保”，从“求生存”到“求生态”，建设生态文明已经成为全社会的共识。

党的十九大提出了建设美丽中国的“四大举措”，我们要树立社会主义生态文明观，对环境问题有“知微知彰”的认识。习近平总书记多次提到我国生态环境矛盾有一个历史积累过程，不是一天变坏的，但不能在我们手里变得越来越坏。对待环境问题，必须深刻认识其根源、形成和发展过程，了解环境问题对生活、生产、经济发展的深刻影响。无论是国家、企业还是个人都应该树立环境危机意识，不能单纯地去追求经济效益，而忽视国家乃至整个人类的生存问题，要敢于摈弃“先污染后治理”的老路，敢于冲破经济利益问题的束缚，坚决打赢这场输不起的战争。

对环境问题要有“刮骨疗毒”的气魄。改革开放以来，我国的工业化进程以惊人的速度迅速推进，创造了一个个世界奇迹。但是，我们赖以生存的生态环境却遭到了前所未有

的破坏。这种以牺牲生态环境为代价得来的发展是不健康的，也是不持续的。所以在环境问题日益突出、改革进入深水期的时期，必须拥有“刮骨疗毒”的气魄，敢于破除沉疴痼疾，冲破利益固化的藩篱，敢于触碰深层次利益关系和矛盾，以一种不畏艰难险阻的勇气，持之以恒的毅力，大力整治环境问题，助推生态文明建设。

对环境问题要有“舍我其谁”的责任担当。天下兴亡、匹夫有责。在环境问题持续发酵、亟待解决的今天，责任担当问题显得尤为重要，一个地区经济社会能否健康持续发展，关键在于该地区党委和政府对环境治理是否有“舍我其谁”的责任担当。以习近平同志为核心的党中央把治理环境问题的责任扛在肩上，做出“大力推进生态文明建设”的战略决策，高瞻远瞩，砥砺奋进，全面推进五位一体的战略布局。

拓展阅读三

海南交上发展和保护双赢答卷——谱写美丽中国海南篇章

2013 年 4 月，习近平总书记在海南考察时，几次“点赞”当地生态环境，殷切希望海南为全国生态文明建设当个表率，为子孙后代留下可持续发展的“绿色银行”。

最执着的坚守

“记得我们年轻的时候，看到的海是立体的：天上有海鸟在飞、海里有飞鱼跃出水面。水母、海星、扇贝，一捡就是一脸盆。”说起她记忆中的海南岛图景，83 岁的罗九如老人兴奋得像个年轻人。“你为大海诺了一个深情的愿：沙鸥归翔处，乡愁入梦来。”罗九如获得“感动海南”2016 年度人物称号时的颁奖词这样说。罗九如退休前曾是原国家海洋局研究员。……罗九如说，她亲眼看到南海的生态环境在不断改善。“珊瑚是一种动物。”“珊瑚爸爸”陈宏和“小白”们的对话通常是从这一句开始的。刚从三沙回来的海南南海热带海洋研究所所长陈宏耐心地讲解着在海底“种珊瑚”的方法，平静的脸上看不出他有过多次与死神擦肩而过的经历。

珊瑚有“海底热带雨林”之称，维护着近岸海域的生态稳定。但随着人为活动的频繁，全球普遍出现了珊瑚礁退化的问题。2003 年，陈宏成立了非营利性民间研究所，靠有限的经费研究珊瑚的培育。这些年，他感到包括珊瑚礁保护在内的海洋生态保护，越来越引起各方重视：2009 年，海南省出台了全国第一个珊瑚礁保护条例；2013 年，省里设立了重大科技专项支持珊瑚修复研究。“听我提及渔业活动对珊瑚礁生长的影响，他们马上找我要详细资料进行专题研究。”交谈的时候，陈宏正好收到省海洋与渔业厅一位处长发来的微信，说北起海南陵水，南到西沙群岛，“栽”下去的 16 万多株珊瑚生长良好，“海底花园”渐渐成形。“按这个进度，到 2020 年，海南沿海将全部种上人工珊瑚苗，人们又能看到珊瑚丛生、鱼群环绕的景象。”陈宏充满信心地说。

最坚强的决心

2015 年以来，海南在全国率先开展省域“多规合一”改革，“把海南作为一个大城市、大景区来统一规划、建设和管理”，全省陆域面积和近岸海域面积均有三分之一以上被划入生态保护红线区域。

2017 年《中共海南省委关于进一步加强生态文明建设谱写美丽中国海南篇章的决定》发布，被称为海南建省以来“最严生态环保新规”，构建起了建设全国生态文明示范区的长效机制。

从 2018 年 1 月 1 日起，海南正式实施新的市县发展综合考核评价办法，对全省 19 个市县中的 12 个市县取消了 GDP、工业、固定资产投资的考核，而把生态环境保护立为负面扣分和一票否决事项……

海南的实践诠释着“绿水青山就是金山银山”的发展理念，印证了习近平总书记“保护生态环境就是保护生产力，改善生态环境就是发展生产力”的科学论断。

（资料来源：http：//paper.ce.cn/jjrb/html/2018-04/12/content 359910.htm）

随着人们环保意识的提高，生态文明建设战略的大力推进，多娇江山、碧水蓝天将映入我们的眼帘，一代又一代的共产党人将秉持“生态兴则文明兴、生态衰则文明衰”的发展理念，做好绿水青山的“守护者”，共建美丽家园。

推荐阅读

1.《将改革进行到底》(第六集)，http：//tv.cctv.com/2017/07/22/VIDEdZmACHmulMoLmFvzOPZq170722. shtml。
2.《绿水青山看中国》，http：//kejiao.cctv.com/special/lsqs/index.shtml。
3.《绿水青山就是金山银山》，http：//tv.cntv.cn/videoset/VSET100242061370。

视频链接

《美丽中国》

专题九
深化金砖伙伴关系　开辟更加光明未来
——2017 年金砖国家领导人第九次会晤纪实

2009 年，巴西、印度、俄罗斯和中国的四国领导人在俄罗斯举行第一次会晤。2010 年，南非国家加入，金砖四国成长为金砖五国。2017 年 9 月 3 日至 5 日，金砖国家领导人第九次会晤在中国厦门国际会议中心举行，会晤发表了《金砖国家领导人厦门宣言》。习近平发表了题为《深化金砖伙伴关系，开辟更加光明未来》的重要讲话，积极评价金砖合作走过的 10 年光辉历程，强调要开启金砖合作第二个“金色十年”，使金砖合作造福五国人民，惠及各国人民。

一、金砖国家的基本情况及发展历程

1. 基本情况

自奥尼尔在高盛全球经济研究报告中提出“金砖”一词，“金砖”概念迅速席卷全球。金砖国家（BRICS）最初指中国、俄罗斯、印度、巴西四个成长前景看好的新兴市场国家。经俄罗斯倡议，四国于 2006 年 9 月联合国大会期间举行了首次金砖国家外长会晤，此后每年依例举行。2009 年 6 月，四国领导人在俄罗斯叶卡捷琳堡举行首次会晤。2010 年 12 月，四国在协商一致的基础上，正式吸收南非加入机制。金砖国家确立了旨在遵循开放透明、团结互助、深化合作、共谋发展原则和“开放、包容、合作、共赢”的金砖国家精神，致力于构建更紧密、更全面、更牢固的伙伴关系。

由中国、俄罗斯、印度、巴西、南非五国构成的金砖国家经过第一个“金色十年”发展，巴西经济实力居拉美首位，世界第九位。矿产资源丰富，铌、锰、钛、铝矾土、铅、锡、铁、铀等 29 种矿物储量位居世界前列。俄罗斯的天然气已探明蕴藏量为 48 万亿立方米，居世界第一位。石油探明储量 109 亿吨，占世界探明储量的 13%。工业基础雄厚，部门齐全，以机械、钢铁、冶金及化工为主。印度已成为全球软件、金融等服务业重要出口国。中国的经济总量跃居世界第二，经济增长的成就有目共睹。南非属于中等收入的发展中国家，也是非洲经济最发达的国家。矿业、制造业、农业和服务业是其经济四大支柱，深井采矿等技术居于世界领先地位。

2. 金砖国家领导人历次会晤的基本情况

自 2006 年巴西、印度、俄罗斯和中国的四位外长于参加联合国大会的空隙开启了“见面会”后，外长会晤升级为领导人会晤。

2009 年 6 月 16 日，中国、俄罗斯、印度和巴西四国领导人在俄罗斯叶卡捷琳堡举行首次会晤。主要成果：正式启动了金砖国家的合作机制。主要就国际形势、二十国集团领导人峰会、国际金融机构改革、粮食安全、能源安全、气候变化以及“金砖四国”对话合作未来发展前景等重大问题交换了看法，发表了《“金砖四国”领导人俄罗斯叶卡捷琳堡会晤联合声明》，核准了《金砖国家关于全球粮食安全的联合声明》。

2010 年 4 月 15 日，中国、印度、俄罗斯和巴西在巴西巴西利亚举行金砖国家领导人第二次会晤。主要成果：四国领导人就国际形势、国际金融危机、国际金融机构改革、二十国集团事务、气候变化、金砖国家务实合作等问题深入交换看法，发表了《金砖国家领导人第二次正式会晤联合声明》。在联合声明中，四国商定推动“金砖四国”合作与协调的具体措施，“金砖国家”合作机制初步形成。

2010 年 12 月，中国作为“金砖国家”合作机制轮值主席国，与俄罗斯、印度、巴西一致商定，吸收南非作为正式成员加入“金砖国家”合作机制，“金砖四国”成长为“金砖五国”，并更名为“金砖国家”（BRICS）。

2011 年 4 月 14 日，中国、印度、俄罗斯、巴西和南非五国领导人于中国海南三亚举行第三次会晤。主要成果：会议讨论了国际形势、国际经济金融、发展、金砖国家合作四大项议题，会后通过了《三亚宣言》，对金砖国家的未来合作进行了详细的规划，决定深化在金融、智库、工商界、科技、能源等领域的交流合作，重申国际经济金融机构治理结构应该反映世界经济格局的变化，增加新兴经济体和发展中国家的发言权和代表性。

2012 年 3 月 29 日，中国、印度、俄罗斯、巴西和南非五国领导人在印度新德里举行第四次会晤。主要成果：会议发表了《新德里宣言》。会议探讨了成立金砖国家开发银行的可能性，希望该银行能与世界银行并驾齐驱。金砖国家明确提出全球治理改革的诉求，呼吁建立更具代表性的国际金融架构，提高发展中国家的发言权和代表性，提出在 2012 年国际货币基金组织、世界银行年会前如期落实 2010 年治理和份额改革方案的要求。会议签署了两项旨在扩大金砖国家本币结算和贷款业务规模的协议，使得金砖国家间的贸易和投资便利化。

2013 年 3 月 26 日，中国、印度、俄罗斯、巴西和南非五国领导人在南非德班举行第五次会晤。主要成果：会后发表了《德班宣言》和行动计划。这次会晤加强了金砖国家的合作伙伴关系，传递了金砖国家团结、合作、共赢的积极信息。会议决定设立金砖国家开发银行、外汇储备库，宣布成立金砖国家工商理事会和智库理事会，在财金、经贸、科技、卫生、农业、人文等近 20 个领域形成新的合作行动计划。会议推动构建金砖国家与非洲国家的伙伴关系。会晤以金砖国家同非洲的伙伴关系为主题，首次举行了金砖国家与非洲领导人对话会，传递了金砖国家愿与非洲国家在基础设施领域加强合作、促进非洲互联互通、释放非洲发展潜力的积极信号。在峰会开幕当天举行金砖国家财长和央行行长会议期间，中国财政部和中国人民银行分别与巴西财政部和巴西中央银行签署了财经合作谅解备忘录和

双边本币互换协议。在当天举行的金砖国家第三次经贸部长会议上，金砖国家的经贸部长共同发表了联合公报和《金砖国家贸易投资合作框架》文件。

2014年7月15日至16日，中国、印度、俄罗斯、巴西和南非五国领导人在巴西福塔莱萨和巴西利亚两地举行金砖国家领导人第六次会晤。主要成果：五位领导人举行了小范围会议、大范围会议，出席金砖国家同南美国家领导人对话会，共同会见金砖国家工商理事会成员。此次会晤是金砖国家第二轮领导人会晤的开局之作，五位领导人讨论了金砖国家未来合作规划，就当前国际政治经济领域重大问题以及金砖国家合作深入交换意见，达成广泛共识，发表《福塔莱萨宣言》及其行动计划，特别是五位领导人见证签署成立金砖国家开发银行和应急储备安排的协议。

2015年7月8日至9日，中国、印度、俄罗斯、巴西和南非五国领导人在俄罗斯乌法举行第七次峰会。主要成果：五位领导人举行了小范围会议、大范围会议，出席金砖国家同欧亚经济联盟、上海合作组织成员国、观察员国和受邀国领导人对话会，共同会见了金砖国家工商理事会成员。五位领导人围绕“金砖国家伙伴关系——全球发展的强有力因素”主题，就全球政治经济领域重大问题以及金砖国家合作深入交换了意见。会晤发表了《乌法宣言》及其行动计划，通过了《金砖国家经济伙伴战略》。

2016年10月15日至16日，中国、印度、俄罗斯、巴西和南非五国领导人在印度果阿举行第八次会晤。主要成果：五国领导人围绕“打造有效、包容、共同的解决方案”主题，就金砖国家合作及其他共同关心的国际和地区问题深入交换看法，达成广泛共识。会议通过了《果阿宣言》，金砖五国还签署了农业研究、海关合作等方面的谅解备忘录和文件。在果阿会晤上，金砖五国决定加强务实合作。五国同意进一步推动保险和在保险市场合作、税收体系改革、海关部门互动等，并探讨设立一个金砖国家评级机构的可能性。此外，五国就在农业、信息技术、灾害管理、环境保护、妇女儿童权利保护、旅游、教育、科技、文化等领域加强合作也进行了沟通协调。五国强调共同应对国际问题，以及通过政治和外交途径和平解决争端的重要性，并重申对《联合国宪章》原则的承诺。

二、金砖国家领导人第九次会晤的基本情况

2017年9月3日至5日，福建厦门，习近平主席出席并主持金砖国家领导人第九次会晤和新兴市场国家与发展中国家对话会，出席金砖国家工商论坛开幕式。

9月3日下午，金砖国家工商论坛开幕。习近平主席出席并面向1000多位中外工商界人士及相关国际组织和机构代表发表题为《共同开创金砖合作第二个“金色十年”》的主旨演讲。在演讲中，习近平主席用一组数据表明金砖国家不断向前发展的潜力和趋势。习近平主席深刻揭示出金砖合作发展的要义：平等相待、求同存异，金砖国家不搞一言堂，凡事大家商量着来；务实创新、合作共赢，金砖国家不是碌碌无为的清谈馆，而是知行合一的行动队；胸怀天下、立己达人，金砖合作理念得到越来越多理解和认同，成为国际社会的一股正能量。自习近平就任国家主席后首次出席金砖国家领导人南非德班会晤到印度果阿会晤，从提出金砖国家“一体化大市场、多层次大流通、陆海空大联通、文化大交流”

四大目标，倡导“开放、包容、合作、共赢”的金砖精神到构建金砖国家“四大伙伴关系”，再到宣示扩大和巩固金砖国家“朋友圈”，无不宣示着中国立场。

9 月 4 日上午，金砖国家领导人举行小范围会议。五国领导人听取了关于 2017 年金砖国家安全事务高级代表会议讨论成果的汇报。习近平主席在会上强调，对广大新兴市场国家和发展中国家来说，无论是从世界经济大局出发还是从自身发展未来出发，我们都应该坚持开放，不搞保护主义；坚持多边贸易体制，不搞以邻为壑；坚持互利共赢，不搞零和博弈。国家安全和发展相互依存。我们要继续就政治安全问题协调立场，扩大共识，加强合作。金砖国家都是具有重要影响的国家，要在解决国际和地区热点问题上发挥建设性作用：一要遵守国际法和国际关系基本准则；二要坚定奉行多边主义，坚定维护联合国宪章宗旨和原则，发挥联合国在捍卫和平、建设和平、预防和制止冲突方面的主渠道作用。

9 月 4 日上午，金砖国家领导人第九次会晤在厦门国际会议中心举行。习近平主席主持会晤并发表题为《深化金砖伙伴关系　开辟更加光明未来》的重要讲话。在讲话中，习近平积极评价金砖合作走过的 10 年光辉历程，强调要开启金砖合作第二个“金色十年”，使金砖合作造福五国人民，惠及各国人民。习近平指出，金砖合作之所以得到快速发展，关键在于互尊互助，携手走适合本国国情的发展道路；秉持开放包容、合作共赢的精神，持之以恒推进经济、政治、人文合作；倡导国际公平正义，同其他新兴市场国家和发展中国家和衷共济，共同营造良好外部环境。

习近平强调，世界格局深刻复杂变化的背景下，我们应该再接再厉，全面深化金砖伙伴关系，开启金砖合作第二个“金色十年”。第一，致力于推进经济务实合作。我们应该在贸易投资、货币金融、互联互通、可持续发展、创新和产业合作等领域拓展利益汇聚点，让金砖合作机制行稳致远。第二，致力于加强发展战略对接。我们应该发挥各自在资源、市场、劳动力等方面的比较优势，本着共商、共建、共享原则，寻找发展政策和优先领域的契合点，以落实 2030 年可持续发展议程为契机，谋求经济、社会、环境效益协调统一，实现联动包容发展。第三，致力于推动国际秩序朝着更加公正合理的方向发展。我们应该坚定奉行多边主义和国际关系基本准则，推动构建新型国际关系。要推动开放、包容、普惠、平衡、共赢的经济全球化，建设开放型世界经济，支持多边贸易体制，反对保护主义。要推进全球经济治理改革，提高新兴市场国家和发展中国家代表性和发言权，为解决南北发展失衡、促进世界经济增长提供新动力。第四，致力于促进人文民间交流，让伙伴关系理念扎根人民心中，将使金砖合作永葆活力。

9 月 4 日下午，金砖国家文化节启动仪式暨文化图片展。金砖国家从经济金融、政治安全到人文交流，中国行动打造金砖合作新支柱，开启“三轮驱动”新阶段。

9 月 4 日下午，金砖国家领导人同工商理事会对话会。金砖国家领导人听取了工商理事会、新开发银行代表工作汇报两个机构的工作。在对话会上，习近平主席强调，金砖国家领导人在会晤中一致同意打造下一个“金色十年”，将金砖合作推向新的高度，并对工商理事会和新开发银行提出三点希望：一是促进金砖国家互利共赢。二是助力金砖国家经济发展。三是推动金砖国家民心相通。在对话会上，金砖国家领导人见证了《金砖国家经贸合作行动纲领》《金砖国家创新合作行动计划》《金砖国家海关合作战略框架》《金砖国家

工商理事会与新开发银行关于开展战略合作的谅解备忘录》4 个合作文件的签署。

9 月 5 日上午，新兴市场国家与发展中国家对话会举行。习近平主席强调用两个维度观察金砖合作发展：既要遵循五国各自和共同发展的历史逻辑，又要把握世界发展和国际格局演变的时代潮流。站在全球发展的战略高度，习近平主席为新兴市场国家和发展中国家凝心聚力、实现更大发展提出重要倡议：加强团结协作，共同构建开放型世界经济，共同落实 2030 年可持续发展议程，共同把握世界经济结构调整的历史机遇，共同建设广泛的发展伙伴关系。

9 月 5 日上午，金砖国家领导人厦门会晤落下帷幕。主要成果：五国领导人围绕“深化金砖伙伴关系，开辟更加光明未来”的主题，就当前国际形势、全球经济治理、金砖合作、国际和地区热点问题等深入交换看法，回顾金砖合作 10 年历程，重申开放包容、合作共赢的金砖精神，达成一系列共识，为金砖合作未来发展规划了蓝图、指明了方向。发表了《金砖国家领导人厦门宣言》，在金砖经济务实合作、全球经济治理以及国际和平与安全等五大方面公布了 70 余项共识。

三、“金色十年”的主要成果

金砖五国为世界经济企稳复苏做出了重要贡献，合作机制化水平不断提升，已经成为广大新兴市场国家和发展中国家的“领跑者”。金砖机制成立至今的 10 年被称为“金色十年”，合作成果遍及各个领域。

（1）机制建设日益完善。领导人峰会高瞻远瞩，为合作把握战略方向；部长级会议涉及经贸、财政、劳工、农业、环境、能源、科技创新等多个领域，对合作意向如何落实开展专业性、技术性磋商；外长会晤、安全事务高级代表会议和五国常驻纽约、日内瓦和维也纳代表定期会晤机制的建立，为金砖国家就共同关心的全球重大热点问题及时交换意见搭建了平台；遍布各领域的工作组和联络组则是相关政策沟通的重要保障；青年科学家论坛、电影节和旅游大会等民间交流机制则使金砖合作得以全方位拓展。

（2）经贸合作硕果累累。2006—2016 年间，金砖国家贸易总额比重从 11.8%提升到 16.4%，随着贸易、投资便利化的持续推进，经贸合作由传统货物贸易领域逐渐向服务贸易、电子商务等新兴领域不断拓展。2017 年 8 月金砖国家贸易部长会议取得了一系列新成果，金砖国家将建立电子口岸网络，在旅游、医疗、商业、教育等多领域推广服务贸易，强化在知识产权保护、经济技术等领域合作。金砖国家正在成为支持多边自由贸易体制、推动新一轮全球化的中坚力量。

（3）金融合作迈上新台阶。金砖国家新开发银行步入正轨。成立两年以来，新开发银行共发放了 15 亿美元贷款，支持了 7 个绿色可再生能源项目，在中国获得了 3A 评级，成功发行了 30 亿元人民币绿色金融债券。2017 年新开发银行再批准 10 ~ 15 个项目，贷款规模预计 25 亿 ~ 30 亿美元。2017 年 8 月 17 日，金砖国家新开发银行在非洲设立第一个分支机构。另外，总额 1000 亿美元的应急储备安排帮助成员国联合抵御外部金融风险，金砖国家不断提升本币结算的比例，签署多项货币互换协议，为金砖国家编织了金融安全网。

（4）政治安全合作不断深入。金砖国家站在新兴市场国家和发展中国家的立场上共同

发声，在反恐、应对气候变化、禁毒、打击网络犯罪等问题上密切合作，就国际和地区安全热点问题深入交换意见、达成广泛共识。金砖国家摒弃了军事结盟、零和博弈的旧观念，走出了结伴不结盟的新道路，致力于维护世界和平与安全、弘扬国际公平与正义。

四、金砖国家领导人第九次会晤的重要意义

1. 金砖机制，全球治理的金色力量

金砖国家合作机制形成以来，不仅造福五国人民，而且为维护广大发展中国家利益、改善全球治理体系做出了突出贡献。

（1）金砖国家在重要国际金融机构中发言权不断增加，有力推动了这些机构的改革，成为国际经济治理体系变革的“加速器”。

（2）金砖五国建立了全方位、多领域的合作对话机制，及时就重大国际地区事务协调立场、共同发声，维护广大发展中国家团结和利益，为应对全球性挑战贡献金砖智慧、提出金砖方案。金砖国家发出的共同声音不仅能在本机制相关会议上听到，也出现在其他国际场合。中国常驻联合国代表刘结一 2017 年 4 月 18 日代表金砖国家在联合国大会“可持续发展目标筹资问题高级别讨论会”上作共同发言，这标志着金砖国家首次就重大国际问题在联合国场合共同发声。

（3）金砖五国成立的金砖国家新开发银行，不仅助推五国自身实现共同发展，更为金砖国家引领南南合作注入了新动力。金砖银行开业以来成绩斐然，构筑了稳健发展的基础。

2.“金砖 +”合作，南南合作的理想平台

权威声音：习近平总书记——进入新世纪以来，新兴市场国家和发展中国家群体性崛起，成为不可逆转的时代潮流。中国在总结过去成功经验的基础上，围绕“深化互利合作，促进共同发展”主题，以落实 2030 年可持续发展议程为主线，提出“金砖 +”的国际发展合作和南南合作新思路。“金砖 +”目的在于构建伙伴网络，建设各国发展共同体、命运共同体，以加强团结协作，共同构建开放型世界经济、共同落实 2030 年可持续发展议程、共同把握世界经济结构调整的历史机遇、共同建设广泛的发展伙伴关系为合作发展方向。“金砖 +”模式开启了全球发展合作的新境界。

（1）“金砖 +”顺应时势，带动全球发展合作升级。经济是金砖合作的根基。“金砖 +”代表的新型发展合作模式之所以备受世界瞩目，首先源于金砖国家自身发展的成果。十年间，金砖五国经济总量世界占比从 12%增加到 23%，对世界经济增长的贡献率提升到逾 50%。而整个新兴市场国家和发展中国家 2016 年对世界经济增长的贡献率则达到 80%，是当之无愧的增长主引擎。中国无疑是牵引金砖合作向前发展的火车头。作为世界第二大经济体和最大的发展中国家，中国已经成为发展中国家与发达国家之间的一座桥梁。金砖国家新开发银行行长卡马特说，从世界范围看，中国在清洁能源和绿色经济领域“正在领路”。印度工商联合会执行会长达拉科蒂对新华社记者说：“我们要从中国学习经验。”墨西哥前驻华大使雷伊—洛佩斯说，中国经济成就有目共睹，中国榜样力量显而易见，中国提出“金砖 +”堪称创举。

（2）“金砖＋”脚踏实地，启迪全球发展合作实践。金砖国家领导人厦门会晤在贸易投资、金融合作、互联互通等领域沉甸甸的成果清单让世界看到金砖合作之实，含金量之高。新兴市场国家是发展中国家中的领跑者。作为新兴市场国家中的代表，金砖国家深化合作，其受益面不断扩大，既有具体的合作项目，也包含发展经验的交流与分享。在中国以及金砖合作的带动下，全球发展合作中的“智慧流向”也发生了变化，已不再仅仅是从发达国家向发展中国家“由北向南”的流动，而且出现了越来越多“由南向南”，甚至“由南向北”的趋势。值得注意的是，此次厦门会晤来自英、美、德、法等发达国家的工商代表众多，远超以往。许多世界 500 强企业精英明言他们前来参会不仅要“掘金”，还要“取经”。波音公司中国区总裁庄博润就对新华社记者说：“我们来这里的主要目的是学习。”

作为厦门会晤的主席国，中国将在南南合作援助基金项下提供 5 亿美元援助，帮助其他发展中国家应对挑战。中方还将利用国际发展知识中心、南南合作与发展学院等平台，同各国加强发展经验交流和能力建设合作，并在未来一年为其他发展中国家提供 4 万个来华培训名额。中国还将加强与七十七国集团以及联合国的合作。

（3）“金砖＋”得道多助，光耀全球发展合作前景。作为 2017 年金砖主席国，中国着眼未来，提出“金砖＋”合作模式，积极打造开放多元的发展伙伴网络，让更多新兴市场国家和发展中国家参与到团结合作、互利共赢的事业中来，引领金砖未来合作走深走实，利好世界发展。“金砖合作之所以得到快速发展，关键在于找准了合作之道。”金砖国家在合作中互尊互助、携手走适合本国国情的发展之路。金砖国家领导人厦门会晤旨在为加强金砖伙伴关系、深化各领域务实合作规划了新的蓝图。俄罗斯总统普京说：“重要的是，我们这个合作机制的活动，是建立在平等、尊重和顾及彼此的观点与共识的原则之上。”巴西总统特梅尔说，金砖国家合作的重要性前所未有，“中国一直是第一流的伙伴”。

3. 中国智慧，照亮金砖的前行之路

作为金砖机制创始者之一，中国始终致力于同其他金砖国家一道，深化务实合作、实现互利共赢。中国主张、中国方案，在金砖合作中发挥引领作用。从让新兴市场国家和广大发展中国家搭上自身发展的快车、便车，到 G20 机制中坚定站在发展中国家阵营，中国始终致力于变革全球治理体系中不公正、不合理的安排，增加新兴市场国家和发展中国家的发言权。

缅甸战略与国际问题研究所秘书长吴钦貌林认为，中国在面对全球经济挑战、推进全球治理等方面拿出了完美决策，发挥着重要作用。“作为此次厦门会晤的东道主，中国在金砖国家未来发展、增强务实合作、增进友谊与认同、增加包容与理解等方面制定指导方针，凭借其远见智慧提供良好的指导。”

欧洲议会欧中友好小组秘书长盖琳指出，如果把金砖合作机制与“一带一路”建设、亚洲基础设施投资银行成立等结合来看，可以认为，世界新格局正在形成。“在此过程中，中国担当起大国责任，引领世界发展，为人类命运共同体的未来贡献重要力量，在令世界更美好的努力中发挥着重要作用。”

五、金砖国家领导人及媒体谈金砖国家领导人第九次会晤

1. 领导人谈厦门会晤

南非总统祖马表示，新形势下，金砖国家要深化金砖战略伙伴关系，推进机制建设，加强同其他新兴市场国家和发展中国家联系，谋求共同发展。

巴西总统特梅尔表示，我们五国要加大对金砖合作的战略投入，巩固全方位伙伴关系，为五国发展注入更大动力。要加强国际发展合作，完善全球经济治理，营造良好外部环境。

俄罗斯总统普京表示，我们应该拓宽和深化各领域务实合作，推动金砖伙伴关系不断向前发展。要构建开放型世界经济，反对保护主义，推动包容和可持续增长。要加强协调，在国际和地区热点问题上发挥建设性作用，共同维护世界和平稳定。

印度总统莫迪表示，金砖国家要深挖经济合作潜力，打造更多务实合作成果，维护多边贸易体制，推动人文交流，让金砖合作深入民心。

2. 专家谈厦门会晤

巴西智库瓦加斯基金会中巴研究中心主任卡瓦略认为，尽管部分金砖国家面临经济困难，但这不会导致金砖合作止步不前，反而为金砖国家加强合作提供了巨大动力。今年以来仍有人在宣扬“金砖褪色论”，但金砖机制已今非昔比，成员之间的合作全面开花，大大超出各方预期。未来，金砖国家应当在新技术、人工智能、环保、教育等领域加强合作。金砖合作前景广阔，“金砖 + ”模式可以团结更为广泛的新兴市场经济体和发展中国家，增加它们在国际事务和全球治理中的话语权和代表性。未来，金砖国家可望成为发展中国家的代言人。

墨西哥国立自治大学国际关系中心教授科尔特斯指出，中国通过在全球范围内推动金砖机制、“一带一路”倡议，在全球治理中发挥了重要引领作用。科尔特斯认为，与一些西方国家筑起贸易壁垒、退出《巴黎协定》等举动形成鲜明对比的是，中国提倡包容发展，为各国实现合作共赢搭建平台，为落实联合国 2030 年可持续发展议程创造机遇。

俄罗斯高等经济学院教授马斯洛夫在接受新华社记者采访时表示，《宣言》确定了金砖国家合作的目的和方向，确保金砖国家合作更加顺畅。马斯洛夫认为，此次会晤在国际安全和发展问题的探讨上向前迈出了一大步，与会所有国家都明确谴责任何形式的恐怖主义、制裁政策和贸易保护等限制国家发展的行为。

埃及前驻华大使希夫尼说，中国作为此次会晤的主办方，通过提出“金砖 + ”机制，邀请来自亚非拉的 5 个发展中国家领导人前往厦门参会，推动了金砖国家与其他新兴市场国家和发展中国家的对话与合作，为这一成功的盛会增添了浓墨重彩的一笔。

南非工商理事会主席伊克巴尔 · 苏尔维指出：“抵制全球化、推行贸易保护主义是幼稚、自私的行为。金砖国家要继续坚持全球化进程，在经济、科技和民间交往等领域推动彼此融合，实现经济发展，改善人民生活水准。”

澳大利亚思环顾问公司首席执行官戴维 · 托马斯指出：“金砖国家与各国建立起共赢关系，这将对构建和谐世界十分有利。世界期待金砖国家在国际事务决策中发挥作用，为全球化的未来指明方向。”

3. 媒体谈厦门会晤

英国《金融时报》刊文称："厦门会晤标志着金砖合作步入第二个十年，金砖国家的发展将对世界经济继续带来积极影响。"

《巴基斯坦观察家报》刊文称："这是金砖合作机制成立以来最为重要的一次会晤，金砖国家更加紧密连接在一起。"

南非《周末守卫者报》副主编梅兰妮·彼得斯指出，希望南非能够成为非洲大陆与世界合作的一个新通道，为这片大陆注入新的生机与活力。

喀麦隆《论坛报》的副主编希尔顿·金恩盛赞金砖峰会配备的硬件设施，并表示，媒体中心有高速无线网络，志愿者热情友好，为工作带来了许多便利。

《中国日报》社时政部副主任秦继泽指出，"金砖 +"这一概念由中国首创，旨在使金砖机制成为新兴市场和发展中国家加强团结合作、维护共同利益的重要平台，因此应由中国进行阐释。

中国国际电视台记者、中央电视台北美分台前首席记者邹韵指出，"金砖 +"新概念的传播以及人们对该模式的接受尚需要一段时间来实现。亮点在于其展现出的全球视野，金砖国家不是封闭的俱乐部，金砖合作的影响也远远超出五国范畴。

《印度快报》城市版主编纳伦德拉·阿普瓦通过对印度媒体、中国媒体和西方媒体在金砖峰会前和峰会期间相关报道的关键词进行分析，展示金砖峰会如何有效扭转有关中印报道的媒体议程。他认为峰会有效缓解了中印此前的紧张关系。

《法治周末》特约评论员田飞龙指出，自由贸易、全球化与全球优良治理是人类可持续发展的共同议程与理想，但这一主要由西方发达国家驱动的人类发展议程却遭遇到动力衰竭与制度效能递减的威胁。近些年来，随着英国脱欧、特朗普当选等西方重大政治事件的发生，全球化的领导者成为"逆全球化"的肇端者。全球治理秩序也因发达国家的力量衰败及战略调整而承受着崩解压力。那么，谁以及通过何种替代机制来承接和平与发展的全球治理责任呢？金砖厦门峰会给出了富有信心和期待的答案。

六、金砖国家厦门会晤的启示

在面向 1000 多位中外工商界人士及相关国际组织和机构代表发表题为《共同开创金砖合作第二个"金色十年"》的主旨演讲中，习近平主席总结了十年金砖合作要义，即平等相待、求同存异；务实创新、合作共赢；胸怀天下、立己达人。这三条既是金砖国家合作十年来的重要经验总结，也是金砖合作机制成功的重要启示。

（1）平等相待，求同存异，"金砖国家不搞一言堂，凡事大家商量着来"。

（2）务实创新，合作共赢，"金砖国家不是碌碌无为的清谈馆，而是知行合一的行动队"。

（3）胸怀天下、立己达人，"金砖国家对那些身处战乱和贫困的百姓感同身受"。

千年潮未落，风起再扬帆。正如习近平主席在 2017 年 6 月会见金砖国家外长时指出："金砖合作是一个创新，超越了政治和军事结盟的老套路，建立了结伴不结盟的新关系；超越了以意识形态划线的老思维，走出了相互尊重、共同进步的新道路；超越了你输我赢、赢者通吃的老观念，实践了互惠互利、合作共赢的新理念"，今天的金砖合作正处于承前启

后的关键节点，把握大势，秉持“金砖精神”，响应习近平主席提出的共同开创金砖合作第二个“金色十年”的重要倡议，深化金砖合作、承担金砖责任、发挥金砖作用、拓展金砖影响，“金色又十年”的合作成果一定能惠及五国人民，世界和平和发展的福祉一定能惠及各国民众。

推荐阅读

1. 《开启新的金砖合作发展之门——习近平主席出席金砖国家领导人厦门会晤系列活动纪实》，http://www.xinhuanet.com/world/brics2017/index.htm。
2. 《习近平在金砖国家领导人厦门会晤大范围会议上的讲话（全文）》，http://www.gov.cn/xinwen/2017-09/04/content_5222573.htm。
3. 刘亢、康淼、苏杰：《面向大海 拥抱“金砖”——写在金砖国家领导人厦门会晤倒计时 100 天之际》，http://www.xinhuanet.com/world/2017-05/26/c_1121044953.htm。

视频链接

金砖国家领导人第九次会晤特别报道：
习近平主席会见中外记者，介绍会晤成果

专题十

深化国际合作　共建“一带一路”

——聚焦“一带一路”倡议新发展

由中国政府提出的构建“丝绸之路经济带”和“21世纪海上丝绸之路”倡议，既是维护开放型世界经济体系，实现多元、自主、平衡和可持续发展的中国方案，也是深化区域合作，加强文明交流互鉴，维护世界和平稳定的中国主张，体现了中国作为最大的发展中国家和全球第二大经济体，对推动国际经济治理体系朝着公平、公正、合理方向发展的责任担当。

一、时代的呼唤：“一带一路”倡议形成的背景

当今世界经济全球化、区域一体化激发出强大的生产潜力，科技进步极大地提高了生产和生活效率，人类在物质和精神财富的创造方面达到了前所未有的高度。与此同时，随着经济社会的快速发展，各国之间的利益纽带关系不断增强，共同面临的挑战也日益增多。

2013年9月，习近平主席对中亚四国进行国事访问。他在哈萨克斯坦纳扎尔巴耶夫大学发表演讲时提出：“为了使我们欧亚各国经济联系更加紧密、相互合作更加深入、发展空间更加广阔，我们可以用创新的合作模式，共同建设‘丝绸之路经济带’。”同年10月，习近平主席出席亚太经济合作组织领导人非正式会议期间，在印度尼西亚国会发表了《携手建设中国—东盟命运共同体》的演讲，提出中国愿与东盟国家加强海上合作，使用好中国政府设立的中国—东盟海上合作基金、发展好海洋合作伙伴关系、携手共建“21世纪海上丝绸之路”的倡议。2015年3月，中国政府对外发布了《推动共建丝绸之路经济带和21世纪海上丝绸之路的愿景与行动》，提出了共建“一带一路”的顶层设计框架，为共建“一带一路”的未来描绘了宏伟蓝图。党的十九大报告再次强调，要“积极促进‘一带一路’国际合作，努力实现政策沟通、设施联通、贸易畅通、资金融通、民心相通，打造国际合作新平台，增添共同发展新动力”。

“一带一路”倡议以其平等包容的外在特征和契合实际的内在特点，体现了包括中国在内的“一带一路”沿线各国的共同利益，是面向未来的国际合作新共识，展现了中国梦与世界梦相互联通，各国携手打造人类命运共同体的美好愿景。

拓展阅读一

"丝绸之路"的来历

"丝绸之路"最初指西汉张骞、东汉班超出使西域时开辟出来的通道，因为丝绸为商道上的大宗商品而得名。后来，这一概念成为古代中国对外交流通道的统称。但"丝绸之路"这个词是140多年前一个德国人"发明"的，他的名字叫费迪南·冯·李希霍芬。

随着第一次鸦片战争（1840—1842年）的失败和一系列不平等条约的签订，长期闭关锁国的中国发生了根本性变化，中国近代史就此发端。当时的普鲁士政府于1860年派出了一个规模庞大的外交使团前往东亚，欲与中国、日本、泰国等建立外交关系，缔结商约。使团中，一位年仅27岁的地理学者费迪南·冯·李希霍芬，接受了秘密勘测选址的任务。

按照约定，由加利福尼亚银行资助李希霍芬的中国之行。在上海登岸后，上海欧美商会将给他提供旅华4年的经费，条件是：他必须把从考察地区获取的地理和地质资料，以及物产、人口、交通、风土人情等社会经济概况，用英文及时向商会作专题报告。1868年9月，李希霍芬经日本来到中国，开始了他的中国之旅。之前在去往北京总理衙门领取护照时，他遵照朋友的建议，有意将其姓氏的中译由最初的"栗"改为"李"，以跟清政府重臣李鸿章同姓，希望能借此增加亲和力，抬高自己的身份，降低风险。1868—1872年，李希霍芬对大清帝国内地18个行省中的13个进行了地理、地质考察。

1873年，李希霍芬回国，先后出任柏林国际地理学会会长、柏林大学校长、波恩大学地质学教授、莱比锡大学地理学教授等。他后半生用大部分精力撰写了一部5卷的鸿篇巨制：《中国——亲身旅行和据此所作研究的成果》。正是在1877年出版的《中国》第一卷中，李希霍芬首次提出了"丝绸之路"的概念，并在地图上进行了标注。这一术语后来被广泛采纳，甚至成为古代中国强盛的代名词。

（作者：赵磊。资料来源：http://cpc.people.com.cn/n1/2017/0523/c223633-29294308.html）

二、从经济到人文："一带一路"的合作领域

共建"一带一路"以政策沟通、设施联通、贸易畅通、资金融通、民心相通为主要内容，既开展互联互通、产能合作、贸易投资等重点领域的务实合作，也重视推动沿线国家之间多种形式的人文交流，实现经济和文化的共同繁荣发展。

1. 促进基础设施互联互通

加强基础设施建设，推动跨国、跨区域互联互通是共建"一带一路"的优先合作方向。中国政府鼓励实力强、信誉好的企业走出国门，在"一带一路"沿线国家开展铁路、公路、港口、电力、信息通信等基础设施建设，促进地区互联互通，以造福沿线国家的民众。

（1）对接建设规划。中国与“一带一路”沿线国家对接基础设施建设规划，建立由主管部门牵头的双多边互联互通政策协商和对话机制，同时重视发展互联互通伙伴关系，将加强基础设施互联互通纳入共建“一带一路”合作协议。中国政府有关部门与欧盟委员会签署谅解备忘录，启动中欧互联互通平台合作。中国、老挝、缅甸和泰国共同编制了《澜沧江—湄公河国际航运发展规划（2015—2025年）》。2016年9月，《二十国集团领导人杭州峰会公报》中通过了中国提出的建立“全球基础设施互联互通联盟”倡议。

（2）衔接质量技术体系。中国在尊重相关方主权和关切的基础上，推动与“一带一路”相关国家在标准、计量和认证认可体系方面的合作。中国政府发布了《标准联通“一带一路”行动计划（2015—2017年）》《共同推动认证认可服务“一带一路”建设的愿景与行动》和《“一带一路”计量合作愿景和行动》，推进认证认可和标准体系对接，共同制定国际标准和认证认可规则。中国将与“一带一路”沿线国家共同努力，促进计量标准“一次测试、一张证书、全球互认”，推动认证认可和检验检疫“一个标准、一张证书、区域通行”。

（3）促进运输便利化。中国与“一带一路”沿线15个国家签署了包括《上海合作组织成员国政府间国际道路运输便利化协定》和《关于沿亚洲公路网国际道路运输政府间协定》等在内的16个双多边运输便利化协定，启动《大湄公河次区域便利货物及人员跨境运输协定》便利化措施，73个陆上口岸开通了356条国际道路运输线路。中国已经与“一带一路”沿线47个国家签署了38个双边和区域海运协定，与62个国家签订了双边政府间航空运输协定，民航直航已通达43个国家。中国政府有关部门还发布了《关于贯彻落实“一带一路”倡议加快推进国际道路运输便利化的意见》，推动各国互联互通法规和体系对接，增进“软联通”。

（4）推动项目建设。中老铁路、匈塞铁路、中俄高铁、印尼雅万高铁、巴基斯坦白沙瓦至卡拉奇高速公路、中巴喀喇昆仑公路二期升级改造、比雷埃夫斯港、汉班托塔港、瓜达尔港等标志性项目建设取得进展。埃塞俄比亚的斯亚贝巴—吉布提铁路建成通车，这是非洲第一条跨国电气化铁路。哈萨克斯坦南北大通道TKU公路、白俄罗斯铁路电气化改造，以及中国企业在乌兹别克斯坦、塔吉克斯坦实施的铁路隧道等项目，将有效提升所在国运输能力。

图 10-1　亚吉铁路试运行

2016年10月3日，在埃塞俄比亚首都亚的斯亚贝巴附近，一列试运行列车在亚吉铁路上行驶。该项目是继坦赞铁路之后，中国在非洲修建的又一条跨国铁路，被誉为“新时期的坦赞铁路”。

（新华社记者　孙瑞博摄）

（5）能源联通设施。中国积极推动与相关国家的能源互联互通合作，推进油气、电力等能源基础设施建设，与相关国家共同维护跨境油气管网安全运营，促进国家和地区之间的能源资源优化配置。中国与俄罗斯、老挝、缅甸、越南等周边国家开展跨境电力贸易，中巴经济走廊、大湄公河次区域等区域电力合作取得实质性进展，合作机制不断完善。

（6）打造信息通信网络。“一带一路”沿线国家共同推进跨境光缆等通信网络建设，提高国际通信互联互通水平。目前，中国通过国际海缆可连接美洲、东北亚、东南亚、南亚、大洋洲、中东、北非和欧洲地区，通过国际陆缆连接俄罗斯、蒙古、哈萨克斯坦、吉尔吉斯斯坦、塔吉克斯坦、越南、老挝、缅甸、尼泊尔、印度等国，延伸覆盖中亚、东南亚、北欧地区。中国政府有关部门还与土耳其、波兰、沙特阿拉伯等国机构签署了《关于加强“网上丝绸之路”建设合作促进信息互联互通的谅解备忘录》，推动互联网和信息技术、信息经济等领域合作。

2. 提升经贸合作水平

中国与“一带一路”沿线国家贸易规模与结构持续优化，货物贸易平稳增长，服务贸易合作出现新亮点；与这些国家建立了紧密的经贸联系，有力地促进了各国经济和产业发展；中国政府重视进一步发展与这些国家互利共赢的经贸伙伴关系，致力于打造更加均衡、更加平等和更加可持续的贸易体系。

（1）构建“一带一路”自贸区网络。中国—东盟自贸区升级、中国—格鲁吉亚自贸谈判已经完成，区域全面经济伙伴关系协定（RCEP）谈判取得积极进展，中国—马尔代夫自贸区等协定谈判取得重要突破。

（2）推动贸易便利化。中国与“一带一路”沿线国家共同推进海关大通关体系建设，与沿线海关开展“信息互换、监管互认、执法互助”合作。启动国际贸易“单一窗口”试点，加快检验检疫通关一体化建设，实现“进口直通、出口直放”。在口岸开辟哈萨克斯坦、吉尔吉斯斯坦、塔吉克斯坦农产品快速通关“绿色通道”。发布《“一带一路”检验检疫合作重庆联合声明》《“一带一路”食品安全合作联合声明》和《第五届中国—东盟质检部长会议联合声明》。

图 10-2　中欧班列给沿线国家的民众带来便利

2017 年 11 月 29 日，载有 34 吨成都猕猴桃的中欧班列（蓉欧快铁）从成都始发，预计半个月后，远在荷兰蒂尔堡市、法国巴黎市的市民就可以购买到原汁原味的成都猕猴桃了。

（资料来源：http：//cd.qq.com/a/20171129/027908.htm）

3. 扩大产能与投资合作

中国政府支持本国优势产业走出去，以严格的技术和环保标准，在“一带一路”沿线国家开展多元化投资，培育双边经济合作新亮点。

（1）扩大合作共识。中国已同哈萨克斯坦、埃塞俄比亚等 27 个国家签订了国际产能合作文件，与东盟 10 国发表《中国—东盟产能合作联合声明》，与湄公河 5 国发表《澜沧江—湄公河国家产能合作联合声明》，开展了规划、政策、信息、项目等多种形式的对接合作。与俄罗斯在两国总理定期会晤机制下成立了中俄投资合作委员会，协调两国非能源产业的投资合作。

（2）共建合作平台。中国已经在沿边省区设立了 7 个重点开发开放试验区、17 个边境经济合作区和 2 个双边边境经济合作区，并与尼泊尔、缅甸、蒙古、越南等周边国家就双边边境经济合作区建设开展深入磋商，取得积极进展。中国企业在“一带一路”沿线 20 个国家正在建设的 56 个经贸合作区，累计投资超过 185 亿美元。

图 10-3：中车北京二七机车公司工人检测新下线的米轨机车

（图片来源：《人民日报》，2017 年 12 月 8 日）

（3）促进投资便利化。为了扩大对外开放，中国政府积极支持跨国跨地区的投资便利化。中国已与“一带一路”沿线 53 个国家签署了双边投资协定，与大部分国家建立了经贸和投资合作促进机制。中国还与“一带一路”沿线 54 个国家签署了避免双重征税协定，共同为企业享有税收公平待遇、有效解决纠纷创造了良好的税收和法律环境。

4. 拓展金融合作空间

中国与“一带一路”沿线国家及有关机构开展了多种形式的金融合作，推动金融机构和金融服务网络化布局，创新融资机制支持“一带一路”建设。

（1）加强金融合作机制对接。中国与东盟金融合作日益密切，与俄罗斯、中亚地区金融合作不断深化，与欧盟的金融合作水平持续提升。中国政府积极发挥东盟与中日韩（10＋3）金融合作机制、上合组织财长和央行行长会议、上合组织银联体、东亚及太平洋中央银行行长会议组织、中国—东盟银联体以及中亚、黑海及巴尔干地区央行行长会议组

织等机制作用，加强金融政策沟通。推进清迈倡议多边化并建立 2400 亿美元的区域外汇储备，促进地区金融形势稳定。

（2）打造新型合作平台和创新融资机制。2015 年 12 月 25 日，中国倡议的亚洲基础设施投资银行（以下简称“亚投行”）正式成立，法定资本 1000 亿美元，重点支持地区互联互通和产业发展。截至 2017 年，亚投行已为 9 个项目提供了 17 亿美元贷款。中国出资 400 亿美元设立丝路基金，首期注册资本金 100 亿美元，通过以股权为主的多种方式为“一带一路”建设提供资金支持。中国提出中国—中东欧协同投融资框架，包括 100 亿美元专项贷款、中东欧投资合作基金在内的多种融资机制共同发挥作用，为中东欧地区的经济发展提供融资支持。中国工商银行牵头成立了中国—中东欧金融控股有限公司并设立中国—中东欧基金。

（3）深化金融机构及金融市场合作。中国政府鼓励开发性、政策性金融机构积极参与“一带一路”金融合作。截至 2017 年，共有 9 家中资银行在“一带一路”沿线 26 个国家设立了 62 家一级分支机构，“一带一路”沿线 20 个国家的 54 家银行在华设立了 6 家子行、20 家分行和 40 家代表处。2017 年 1 月，中国金融期货交易所与巴方伙伴合作收购巴基斯坦证券交易所 30%的股权。上海黄金交易所和迪拜黄金与商品交易所签署协议，在国际金融市场首次应用“上海金”。

（4）扩大本币互换与跨境结算。中国与“一带一路”沿线 22 个国家和地区签署了本币互换协议，总额达 9822 亿元人民币。人民币业务清算行已有 23 家，其中 6 家在“一带一路”沿线。通过中国银行间外汇市场开展人民币对 21 种非美元货币的直接交易。建立人民币跨境支付系统（CIPS），为境内外金融机构从事人民币业务提供服务。

（5）加强金融监管合作。中国人民银行目前已与 42 个境外反洗钱机构签署合作谅解备忘录。中国银行保险监督管理委员会与 29 个“一带一路”沿线国家金融监管当局签署了双边监管合作谅解备忘录或合作换文，并与“一带一路”沿线国家商签监管合作谅解备忘录，成立了亚洲保险监督官论坛（AFIR）。

5. 加强生态环保合作

中国致力于建设“绿色丝绸之路”，用绿色发展理念指导“一带一路”合作，分享中国在生态文明建设、环境保护、污染防治、生态修复、循环经济等领域的最新理念、技术和实践，积极履行应对气候变化等国际责任。

（1）建设合作平台。中国努力打造以“绿色丝绸之路”为主题的合作平台，举办中国—阿拉伯国家环境合作论坛、中国—东盟环境合作论坛等活动，设立中国—东盟环境保护合作中心。签署《中国环境保护部与联合国环境署关于建设绿色“一带一路”的谅解备忘录》。建立“一带一路”环境技术交流与转移中心等机构，推动环保领域先进技术的国际交流与应用。

（2）加强林业和野生物种保护合作。中国与“一带一路”沿线国家签署了 35 项林业合作协议，建立中国—东盟、中国—中东欧林业合作机制，推动林业产业可持续发展和森林资源保护。举办首届大中亚地区林业部长级会议、中国—东盟林业合作论坛、中俄林业

投资政策论坛，发布《“一带一路”防治荒漠化共同行动倡议》。在中蒙俄经济走廊建设中大力推广绿色理念，与俄罗斯开展森林资源保护利用、边境防火、候鸟保护合作，与蒙古开展野生物种保护、防沙治沙合作。中国还与埃及、以色列、伊朗、斯里兰卡、巴基斯坦、尼泊尔、老挝、缅甸等国共同实施荒漠化防治、森林可持续利用、野生动植物保护、生态系统综合治理、湿地保护、林业应对气候变化等多方面合作。

（3）推动绿色投融资。中国政府部门发布《关于推进绿色“一带一路”建设的指导意见》，推动提高对外合作的“绿色化”水平。建立“一带一路”生态环境保护制度，出台绿色产业引导政策和操作指南，为建设“绿色丝绸之路”提供制度保障。中国还积极探索将绿色金融理念应用到“一带一路”建设实践，发布《关于构建绿色金融体系的指导意见》，引导资金投向绿色环保产业。

（4）应对气候变化。中国为全球气候治理积极贡献中国智慧和中国方案，与各国一道推动达成《巴黎协定》，为协定提早生效做出了重要贡献。积极开展气候变化南南合作，向“一带一路”沿线国家提供节能低碳和可再生能源物资，开展太阳能、风能、沼气、水电、清洁炉灶等项目合作，实施提高能效、节能环保等对话交流和应对气候变化培训。

6. 深化人文、社会及其他领域的交流与合作

中国政府支持开展多层次、多领域的人文交流合作，推动文明互学互鉴和文化融合创新，努力构建不同文明相互理解、各国民众相知相亲的和平发展格局。

（1）教育文化合作。中国每年向“一带一路”沿线国家提供1万个政府奖学金名额，实施《推进共建“一带一路”教育行动》。共建“一带一路”倡议提出以来，中国与“一带一路”沿线国家共同举办“国家文化年”等人文交流活动20次，签署了43项文化交流执行计划等政府间合作协议。中国已在“一带一路”沿线国家设立了30个中国文化中心，新建了一批孔子学院。举办“丝绸之路（敦煌）国际文化博览会”“丝绸之路国际艺术节”和“海上丝绸之路国际艺术节”等活动。中国与哈萨克斯坦、吉尔吉斯斯坦联合申报世界文化遗产“丝绸之路：长安—天山廊道的路网”获得成功。实施柬埔寨吴哥古迹茶胶寺、乌兹别克斯坦花剌子模州希瓦古城等援外文化修复项目，向尼泊尔、缅甸提供文化遗产震后修复援助。推动海上丝绸之路申报世界文化遗产，弘扬妈祖海洋文化。中国的一些高校扩大了对“一带一路”沿线国家的招生规模。

（2）科技合作。中国政府与“一带一路”沿线国家签署了46项政府间科技合作协定，设立联合实验室、国际技术转移中心、科技园区等科技创新合作平台。建设中国—东盟海水养殖技术联合研究与推广中心、中国—南亚和中国—阿拉伯国家技术转移中心等一批合作实体，发挥科技对共建“一带一路”的提升和促进作用。强化科技人文交流机制，通过“杰出青年科学家来华工作计划”资助100多名外国科研人员在华开展科研工作。

（3）旅游合作。中国与“一带一路”沿线国家互办“旅游年”，开展各类旅游推广与交流活动，相互扩大旅游合作规模。举办世界旅游发展大会、丝绸之路旅游部长会议、中国—南亚国家旅游部长会议、中俄蒙旅游部长会议、中国—东盟旅游部门高官会等，初步形成了覆盖多层次、多区域的“一带一路”旅游合作机制。

（4）便利人员往来。中国与“一带一路”沿线55个国家缔结了涵盖不同护照种类的

互免签证协定，与沿线15个国家达成19份简化签证手续的协定或安排，对22个沿线国家单方面给予中国公民免签或办理落地签证入境待遇。

三、世纪盛会：首届"一带一路"国际合作高峰论坛

2017年5月14日至15日，"一带一路"国际合作高峰论坛在中国北京举行。全球29个国家的元首和政府首脑，联合国秘书长、红十字国际委员会主席等重要国际组织负责人以及130多个国家的约1500名各界贵宾出席了本次高峰论坛，中国国家主席习近平发表了《携手推进"一带一路"建设》的主旨演讲。

习近平主席对"一带一路"高峰论坛要完成的重要任务提出了三点看法，具体是：首先，推动互利共赢，明确合作方向。习近平指出："大雁之所以能够穿越风雨、行稳致远，关键在于其结伴成行，相互借力。这为我们合作应对挑战、实现更好发展揭示了一个深刻道理。"要本着伙伴精神，牢牢坚持共商、共建、共享，让政策沟通、设施联通、贸易畅通、资金融通、民心相通成为共同努力的目标。要坚持在开放中合作，在合作中共赢，不画地为牢，不设高门槛，不搞排他性安排，反对保护主义。其次，密切政策协调，对接发展战略。习近平指出："大家基于自身国情制定发展战略，它们各有特色，但目标一致，有很多联系点和相通之处，可以做到相辅相成、相互促进。"要以此为基础，建立政策协调对接机制、相互学习借鉴，并在这一基础上共同制订合作方案，共同采取合作行动，形成规划衔接、发展融合、利益共享的局面。最后，依托项目驱动，深化务实合作。习近平指出："路是走出来的，事业是干出来的。美好的蓝图变成现实，需要扎扎实实的行动。"

习近平主席在本次高峰论坛的闭幕词中深入阐述了会议所达成的五项共识：第一，这次高峰论坛致力于推动"一带一路"建设合作，携手应对世界经济面临的挑战。第二，这次高峰论坛支持加强经济政策协调和发展战略对接，努力实现协同联动发展。第三，这次高峰论坛希望将共识转化为行动，推动各领域务实合作不断取得新成果。第四，这次高峰论坛期待架设各国民间交往的桥梁，为人民创造更美好的生活。第五，这次高峰论坛坚信"一带一路"建设是开放包容的发展平台，各国都是平等的参与者、贡献者、受益者。

习近平在论坛上强调，推进"一带一路"建设，共同应对当前世界经济面临的挑战，符合我们的共同利益。我们有理由对"一带一路"建设前景充满信心。同时，"一带一路"建设是长期工程，前方的路还很长，需要各方携手合作，不断取得实实在在的成果。相信在各方共同努力下，"一带一路"一定能够建设成为和平之路、繁荣之路、开放之路、创新之路、文明之路。

拓展阅读二

丝路精神是人类文明的宝贵遗产

2000多年前，我们的先辈筚路蓝缕，穿越草原沙漠，开辟出联通亚欧非的

陆上丝绸之路；我们的先辈扬帆远航，穿越惊涛骇浪，闯荡出连接东西方的海上丝绸之路。古丝绸之路打开了各国友好交往的新窗口，书写了人类发展进步的新篇章。中国陕西历史博物馆珍藏的千年“鎏金铜蚕”①，在印度尼西亚发现的千年沉船“黑石号”②等，见证了这段历史。

古丝绸之路绵亘万里，延续千年，积淀了以和平合作、开放包容、互学互鉴、互利共赢为核心的丝路精神。这是人类文明的宝贵遗产。

——和平合作。公元前 140 多年的中国汉代，一支从长安出发的和平使团，开始打通东方通往西方的道路，完成了“凿空之旅”，这就是著名的张骞出使西域。中国唐宋元时期，陆上和海上丝绸之路同步发展，中国、意大利、摩洛哥的旅行家杜环、马可·波罗、伊本·白图泰都在陆上和海上丝绸之路留下了历史印记。15 世纪初的明代，中国著名航海家郑和七次远洋航海，留下千古佳话。这些开拓事业之所以名垂青史，是因为使用的不是战马和长矛，而是驼队和善意；依靠的不是坚船和利炮，而是宝船和友谊。一代又一代“丝路人”架起了东西方合作的纽带、和平的桥梁。

——开放包容。古丝绸之路跨越尼罗河流域、底格里斯河和幼发拉底河流域、印度河和恒河流域、黄河和长江流域，跨越埃及文明、巴比伦文明、印度文明、中华文明的发祥地，跨越佛教、基督教、伊斯兰教信众的汇集地，跨越不同国度和肤色人民的聚居地。不同文明、宗教、种族求同存异、开放包容，并肩书写相互尊重的壮丽诗篇，携手绘就共同发展的美好画卷。酒泉、敦煌、吐鲁番、喀什、撒马尔罕、巴格达、君士坦丁堡等古城，宁波、泉州、广州、北海、科伦坡、吉达、亚历山大等地的古港，就是记载这段历史的“活化石”。历史告诉我们：文明在开放中发展，民族在融合中共存。

——互学互鉴。古丝绸之路不仅是一条通商易货之道，更是一条知识交流之路。沿着古丝绸之路，中国将丝绸、瓷器、漆器、铁器传到西方，也为中国带来了胡椒、亚麻、香料、葡萄、石榴。沿着古丝绸之路，佛教、伊斯兰教及阿拉伯的天文、历法、医药传入中国，中国的四大发明、养蚕技术也由此传向世界。更为重要的是，商品和知识交流带来了观念创新。比如，佛教源自印度，在中国发扬光大，在东南亚得到传承。儒家文化起源中国，受到欧洲莱布尼茨、伏尔泰等思想家的推崇。这是交流的魅力、互鉴的成果。

---

① 鎏金铜蚕是汉代铜器，国家一级文物，于 1984 年在陕西省石泉县前池河出土，高 5.6 厘米，腹围 1.9 厘米。质地为铜，鎏金多脱落，蚕体饱满，形象逼真，说明当时人们通过蚕桑生产已熟悉蚕的生理结构。“鎏金铜蚕”是丝绸之路在中外经济文化交流中起纽带作用的标志，集中体现了中国古代养蚕缫丝技术和丝织品贸易在汉代中西贸易交流中的重要地位。

② 黑石号是指 1998 年德国打捞公司在印尼勿里洞岛海域一块黑色大礁岩附近，历时近一年打捞的一艘唐代时期的沉船。该船只结构为阿拉伯商船，装载着经由东南亚运往西亚、北非的中国货物，仅中国瓷器就达到 6.7 万多件。出水的文物包括长沙窑、越窑、邢窑、巩义窑瓷器，还包括金银器和铜镜；其中 3 件完好无损的唐代青花瓷盘尤为引人注目。

——互利共赢。古丝绸之路见证了陆上“使者相望于道，商旅不绝于途”的盛况，也见证了海上“舶交海中，不知其数”的繁华。在这条大动脉上，资金、技术、人员等生产要素自由流动，商品、资源、成果等实现共享。阿拉木图、撒马尔罕、长安等重镇和苏尔港、广州等良港兴旺发达，罗马、安息、贵霜等古国欣欣向荣，中国汉唐迎来盛世。古丝绸之路创造了地区大发展大繁荣。

（资料来源：习近平在“一带一路”国际合作高峰论坛开幕式上的演讲（2017年5月14日），《人民日报》（海外版），2018年2月22日）

四、开辟新路：“一带一路”倡议的深远影响

“一带一路”倡议不仅是中国自身的战略构想，更是沿线各国的共同事业——契合沿线国家的共同需求，为其互补互利互惠开启新的机遇。实践证明，这是一条开放创新、包容发展、合作共赢、共建共享之路，是一条共创美好未来之路。

1. “一带一路”为世界经济增长注入新动力

“一带一路”建设顺应时代潮流，反映实践呼声，是一条引领世界经济和中国经济开放创新发展之路。中国提出建设“一带一路”，强调创新驱动发展，加快全球基础设施互联互通、贸易畅通，通过科技创新、制度创新推动国际投资体系、国际贸易体系、国际金融体系创新完善和发展，为世界经济创新增长注入新的动力。以“一带一路”建设为契机，开展跨国互联互通，提高贸易和投资合作水平，推动国际产能和装备制造合作，本质上是通过提高有效供给来催生新的需求，实现世界经济再平衡。

“一带一路”建设支持沿线国家推进工业化、现代化和提高基础设施水平，有利于稳定当前的世界经济形势。此外，“一带一路”建设坚持开放发展的理念，推动沿线国家和地区相互开放发展，融开放于创新发展之中，实现开放与创新融合发展、联动发展，为后国际金融危机时代创新世界经济增长方式、推动世界经济更加开放发展注入了新的动力和活力。

“一带一路”，全球化的新动力

2. “一带一路”为全球化发展指明前进方向

当前全球化发展进入一个新的阶段，全球化发展的趋势虽然从根本上不会发生改变，但是由于世界经济增长持续低迷，加上全球收入分配不均等现象长期存在，贸易保护主义势力抬头，逆全球化现象增多。在这种情况下，中国提出“一带一路”倡议，秉持包容性发展的理念，强调全球化应更包容、更平衡地发展，通过实施“一带一路”倡议，与世界各国共同发展和进步。

让电影成为“一带一路”的文化纽带

3.“一带一路”为全球经济治理提供中国方案

中国提出的“一带一路”倡议，欢迎和期待世界各国共同参与、互利共赢。中国政府所强调的“政策沟通、设施联通、贸易畅通、资金融通、民心相通”缺一不可，这就是要打造利益共同体和责任共同体，最终构建人类命运共同体。遵循互利共赢与合作发展的理念，中国正在“以钉钉子精神抓下去，一步一步把‘一带一路’建设推向前进，让‘一带一路’建设造福沿线各国人民”。“一带一路”作为加快完善全球治理体系的中国方案，充分体现了大国责任，体现了中国与发展中国家和新兴经济体在全球制度性话语权和影响力的提升，有效发挥了中国在全球治理中的重要作用，从而也使得全球治理体系趋于完善和有效。

4.“一带一路”为构建人类命运共同体提供实践路径

中国通过加快“一带一路”建设为构建人类命运共同体提供实践和发展路径。“‘一带一路’建设秉持的是共商、共建、共享原则，不是封闭的，而是开放包容的；不是中国一家的独奏，而是沿线国家的合唱”“‘一带一路’追求的是百花齐放的大利，不是一枝独秀的小利”。坚持共商、共建、共享，就是要表明“一带一路”在行动方案上体现出开放的特点，即对所有国家都是开放和欢迎的；就是要表明在“一带一路”建设中，所有国家不分大小，在平等相待和相互尊重的基础上实现合作共赢；就是要表明“一带一路”建设要在坚持各种文化包容发展、文明对话、和平发展中实现合作共赢；就是要表明在“一带一路”建设中，要坚持根据市场经济规律，公平竞争，平等发展；就是要表明“一带一路”建设着眼于构建人类命运共同体的发展目标，共创美好未来。

“一带一路”，托起多少梦想

推荐阅读

1. 习近平：《携手推进“一带一路”建设——在“一带一路”国际合作高峰论坛开幕式上的演讲》，人民出版社，2017年版。
2. 林毅夫等：《“一带一路”2.0：中国引领下的丝路新格局》，浙江大学出版社，2018年版。
3. 中国现代国际关系研究院：《“一带一路”读本》，时事出版社，2018年版。

视频链接

“一带一路”高峰论坛成果丰硕

专题十一

合作共赢　构建人类命运共同体

——中国特色大国外交的新特点与新走向

“让和平的薪火代代相传，让发展的动力源源不断，让文明的光芒熠熠生辉，是各国人民的期待，也是我们这一代政治家应有的担当。中国方案是：构建人类命运共同体，实现共赢共享。”这是2017年1月18日，习近平在联合国日内瓦总部演讲时对世界未来的描绘。

“构建人类命运共同体”，是习近平主席提出的“中国方案”，是解决当今世界各种难题、消弭全球各种乱象的“中国钥匙”。“构建人类命运共同体”，就是建设“五个世界”：坚持对话协商，建设一个持久和平的世界；坚持共建共享，建设一个普遍安全的世界；坚持合作共赢，建设一个共同繁荣的世界；坚持交流互鉴，建设一个开放包容的世界；坚持绿色低碳，建设一个清洁美丽的世界。

党的十八大以来，以习近平同志为核心的党中央积极推进外交理论和实践创新，提出一系列新理念新思想新战略，形成并确立了习近平外交思想。在习近平外交思想的指导下，中国外交开拓进取，砥砺奋进，走出了一条中国特色大国外交之路，为实现“两个一百年”奋斗目标和中华民族伟大复兴的中国梦提供了有力保障。

一、中国特色大国外交的提出背景

习总书记指出，我们前所未有地走近世界舞台中心，前所未有地接近实现中华民族伟大复兴的中国梦，前所未有地具有实现这个目标的能力和信心。与之相适应，我们有更多资源和手段坚持和平发展，坚定维护国家主权、安全、发展利益，维护和延长我国发展的重要战略机遇期。我们也有更多能力和条件发挥负责任大国作用，积极推动解决热点问题和全球性挑战，促进全球治理体系朝着更加公正合理的方向发展，为世界和平与发展做出更大的贡献。

中国是一个中国共产党领导下的社会主义国家，走的是中国特色社会主义道路。我们还是一个发展中国家，处于社会主义初级阶段，发展仍然是我们的第一要务。我们还是一个有五千年文明传承的国家，以和为贵、和而不同等思想理念早已融入我们的民族基因和血脉。当前，各国相互依存愈发紧密，和平、发展、合作、共赢的时代潮流愈发强劲。外交工作既要体现自身特色，也要反映时代需要。

在中央外事工作会议上，习近平主席提出中国必须有自己特色的大国外交，使对外工作具备鲜明的中国特色、中国风格、中国气派。中国外交已经站在了一个新的历史起点上，中国与世界的关系正在揭开新的历史篇章。

二、中国特色大国外交的内涵

所谓“中国特色大国外交”，努力目标是要助力民族复兴的“中国梦”和建设人类命运共同体；战略选择是坚持自身和平发展，同时推动世界和平发展；基本原则是合作共赢，构建以合作共赢为核心的新型国际关系；主要路径是建立形式多样的伙伴关系，倡导结伴而不结盟，对话而不对抗；价值取向是坚持正确义利观，在国际事务中主持公道，弘扬正义，在国家关系中义利兼顾，以义为先。

其核心要义为一条主线、两大支柱、三大特征：

一条主线，就是要牢牢把握坚持和平发展、促进民族复兴这条主线。习总书记指出，我们要高举和平、发展、合作、共赢的旗帜，统筹国内国际两个大局，统筹发展安全两件大事，为实现“两个一百年”奋斗目标和中华民族伟大复兴的中国梦提供有力保障。这为我们做好新形势下的外交工作提供了根本遵循。

两大支柱，就是构建以合作共赢为核心的新型国际关系、同心打造人类命运共同体。构建以合作共赢为核心的新型国际关系，旨在推动各国走出一条结伴而不结盟、合作而不对抗的国与国交往新路。打造人类命运共同体，旨在为人类社会确立共同努力目标，实现全球范围的共同发展和长治久安。两者相辅相成，体现了习总书记将中国发展同世界发展相统一的全球视野、世界胸怀和大国担当，具有强大的吸引力、感召力和生命力。与之相关，习总书记还提出新安全观、新发展观、全球治理观、正确义利观等一系列新理念新思想，构成了中国特色大国外交理论体系的基本架构。

三大特征，就是先进性、开拓性和稳定性。先进性，是指习近平总书记外交思想超越了以零和博弈、强权政治等为基础的西方传统国际关系理论，引领中国外交占据了国际道义和时代潮流的制高点。开拓性，是指习总书记把继承与发展、坚持与创新有机统一起来，推动外交理论创新实现一系列重大突破，开创了中国特色大国外交的新局面。稳定性，是指面对世界乱象与国际变局，要始终坚持走和平发展道路，支持多边主义，坚持开放包容，以中国外交的稳定性和确定性对冲当今世界的各种不确定性，成为国际形势演变中的正能量。

三、中国特色大国外交的特点

1. 中国特色大国外交主张合作共赢，树立双赢、多赢、共赢的新理念

在外交实践上，中国积极推动建立以合作共赢为核心的新型国际关系，通过广泛开展经贸技术互利合作，形成深度交融的互利合作网络。中国以“一带一路”建设为纽带，以互联互通为抓手，将自身发展战略与区域合作对接，将“中国梦”与“亚洲梦”“欧洲梦”连通，打造合作共赢大格局。同时，中国在务实合作上拿出大手笔，亚洲基础设施投资银行开始起步，丝路基金已经设立，为“一带一路”建设提供了有力支撑。目前“一带一路”建设已获得沿线 100 多个国家响应参与，步入务实合作阶段。

拓展阅读一

构建命运共同体 书写上合新篇章

2018年6月9日至10日，上海合作组织迎来其扩员后的首次峰会——上海合作组织成员国元首理事会第十八次会议在中国青岛成功召开。

8个成员国、4个观察员国领导人，以及联合国等国际组织和机构负责人共商合作大计，成员国领导人发表体现一致立场的《青岛宣言》，举行10多场双多边会晤，签署、见证了23份合作文件……呈现出一幅让世界赞叹的“青岛上合图”，镌刻下鲜明的“中国印记”。

…………

习近平主席在10日会议上发表重要讲话，提出促进上合组织发展的五大务实建议，系统阐述要倡导和践行的“五大观念”——发展观、安全观、合作观、文明观、全球治理观，为“上海精神”注入新内涵。

经过数小时的会议，上合组织成员国领导人10日下午发表《上海合作组织成员国元首理事会青岛宣言》。这份八千多字的文件，全面总结17年来上合组织的发展经验，大力弘扬“上海精神”，提升组织的凝聚力、行动力、影响力。

从《上海合作组织成员国长期睦邻友好合作条约》未来5年实施纲要，到未来3年打击“三股势力”合作纲要，从提倡创新、协调、绿色、开放、共享的发展观，到推动各方加强发展战略对接、推进“一带一路”建设……青岛峰会期间，成员国领导人谋划区域合作新篇，把各方政治共识转化为更多务实成果，在构建上合组织命运共同体方面迈出坚实步伐。

（资料来源：http://baijiaha.baidu.com/s?id=1602932407317471868&wfor=pc）

2. 为践行合作共赢理念，中国致力于搭建新合作框架，打造合作关系升级版

以“2＋7”新框架打造中国—东盟合作升级版，以“461”框架打造中非合作升级版，以“1＋2＋3”合作格局深化中阿共建“一带一路”天然合作伙伴关系，以“1＋3＋6”合作新框架构建中拉关系五位一体新格局，并搭建中国同南亚未来合作总体框架。同时，倡导共同、综合、合作与可持续的亚洲安全观，推动金砖国家等形成一体化大市场、多层次大流通、陆海空大联通、各国人民大交流。

打造东博会和峰会“升级版”

拓展阅读二

穿越丝路

2016年6月20日，正在波兰访问的中国国家主席习近平，与波兰总统杜达一起出席统一品牌中欧班列首达欧洲（波兰）仪式，共同迎接带有统一标识的中欧班列驶入站台。

班列上，中国铁路的标志和字母 CR（CHINA RAILWAY）格外醒目。自此以后，往返于中国与欧洲之间的货运专列都会有这样统一的形象、统一的“中欧班列”品牌。中欧班列是集装箱国际铁路联运列车，按照固定车次、线路、班期和全程运行时刻开行，往来于中国与欧洲以及“一带一路”沿线各国。

中欧班列横空出世，引发连锁反应，迅速成为中国内陆省份对外开放的重要平台。成都、郑州、武汉、西安、兰州等十多个城市积极行动，“渝新欧”“蓉欧快铁”“郑新欧”“汉新欧”“苏满欧”“湘新欧”“义新欧”等班列相继开出。

截至 2017 年底，中欧班列已铺划出重庆、苏州、义乌等多个城市直达欧洲的运行线 61 条，开经 14 个国家，经停境外 36 座城市。国内 38 座城市始发中欧班列，南至深圳、北至大庆、东到上海、西到喀什……

（资料来源：《人民日报》，2018 年 4 月 9 日）

3. 中国特色大国外交主张结伴而不结盟，在坚持不结盟原则的前提下广交朋友

中国积极构建全球伙伴关系网络，已同世界上 67 个国家、5 个地区组织建立了 72 对不同形式的伙伴关系。其中包括：通过成功举办亚太经合组织领导人非正式会议，构建面向未来的亚太伙伴关系；推动金砖国家形成更紧密、更全面、更牢固的伙伴关系；建立更加平等均衡的新型全球发展伙伴关系。

拓展阅读三

开放创新的亚洲，繁荣发展的世界

2018 年 4 月 8 日，博鳌亚洲论坛 2018 年年会在海南省博鳌镇召开，主题为“开放创新的亚洲，繁荣发展的世界”。论坛的宗旨是立足亚洲，面向世界，促进和深化本地区内和本地区与世界其他地区间的经济交流、协调与合作。……本届论坛年会设置了“全球化与一带一路”“开放的亚洲”“创新”和“改革再出发”4 个板块，成功举办了 65 场活动，吸引了 2000 多位嘉宾，其中企业界代表占 80%，世界 500 强企业有 70 多家派出了董事长和 CEO 汇聚博鳌。本届年会围绕主题年会圆满地实现了预设目标，发出了亚洲声音，形成了亚洲共识，年会主题“开放创新的亚洲，繁荣发展的世界”得到了广泛的呼应和认同。

（资料来源：《时代周报》，2018 年 4 月 10 日）

4. 中国特色大国外交主张维护国际关系基本准则，坚持不干涉内政而又积极介入国际事务

中国积极参与解决伊朗核问题、朝鲜半岛、乌克兰、巴以冲突、南苏丹国内冲突、反

恐、埃博拉疫情等一系列重大热点问题，秉持客观公正立场，积极劝和促谈，为维护国际地区的和平稳定发挥了独特而重要的大国作用。中国是联合国安理会常任理事国中派遣联合国维和人员最多的国家，迄今累计派出军队 4 万人次。

拓展阅读四

中国维和部队

中国维和部队，是中国根据联合国有关决议和国际法准则，派出的军事部队。主要任务是制止冲突，恢复和平。应联合国秘书长请求，中国自 1990 年开始，每年向联合国派遣军事观察员执行维和任务。

他们维护着驻地的社会秩序，保护着驻地的公共设施，是贫困地区人民的保护神。受到国际社会和维和国家人民的一致好评。

中国维和部队的首要任务是维护战乱国家的和平，为饱受战乱之苦的百姓提供保护，让战乱百姓看到希望，维护社会秩序。

（资料来源：http://baike.baidu.com/item/中国维和部队/5904328?fr=aladdin）

5. 中国特色大国外交主张坚决捍卫国家核心利益，坚持和平解决争端

中国坚决反对日本背信弃义、损害中国领土主权的行为；坚决反对日本歪曲历史和破坏战后国际秩序的图谋。处理南海问题，中方赞成并倡导“双轨思路”，即有关争议由直接当事国通过友好协商谈判寻求和平解决，而南海的和平与稳定则由中国与东盟国家共同维护。

拓展阅读五

中国—菲律宾南海问题双边磋商机制第二次会议在马尼拉举行

中国—菲律宾南海问题双边磋商机制第二次会议（以下简称“BCM”）于 2018 年 2 月 13 日在菲律宾马尼拉举行。

根据 2017 年 11 月发布的《中华人民共和国政府和菲律宾共和国政府联合声明》，双方认为海上争议问题不是中菲关系的全部。双方重申维护及促进地区和平稳定、在南海的航行和飞越自由、商贸自由及其他和平用途的重要性，根据包括《联合国宪章》和 1982 年《联合国海洋法公约》在内公认的国际法原则，不诉诸武力或以武力威胁，由直接有关的主权国家通过友好磋商谈判，以和平方式解决领土和管辖权争议。

双方同意继续商谈建立信任措施，提升互信和信心，并承诺在南海保持自我克制，不采取使争议复杂化、扩大化及影响地区和平与稳定的行动。

双方就加强包括海洋环境保护、渔业、海洋科学研究和油气等合作的方式进行了富有成效的交流，有关合作不影响两国各自关于主权、主权权利和管辖

权的立场。双方密切探讨了有关互利合作倡议，就在 BCM 框架下启动渔业、油气、海洋科研与环保、政治安全等技术工作组达成一致。工作组确认了一系列潜在合作倡议。

（资料来源：http://ent.chinanews.com/gj/2018/02-13/8448723.shtml）

四、中国特色大国外交进入新时代

中国特色社会主义进入新时代，中国特色大国外交也进入新时代。

1. 进入新时代，中国特色大国外交肩负新使命

党的十九大报告指出："中国共产党是为中国人民谋幸福的政党，也是为人类进步事业而奋斗的政党。中国共产党始终把为人类做出新的更大的贡献作为自己的使命。"中国人民的梦想同各国人民的梦想息息相通，实现中华民族伟大复兴的中国梦离不开和平的国际环境和稳定的国际秩序。在习近平新时代中国特色社会主义思想的指引下，中国特色大国外交将向世人昭示，中国共产党人不仅能建设好自己的国家，而且能带动各国共同发展，为解决人类问题贡献中国智慧和中国方案，为发展中国家走向现代化拓展新的路径。这将是中国特色大国外交最具新时代特征的使命。

2. 进入新时代，中国特色大国外交胸怀新目标

党的十九大报告从新时代中国特色社会主义思想基本内涵与核心要义角度，站在全人类进步的高度，对新时代中国特色大国外交做出了顶层设计，明确中国特色大国外交要推动构建新型国际关系，推动构建人类命运共同体。这就为新时代中国外交确立了追求的总目标，也向世界亮明了中国希望与各国共同努力的大方向。推动构建新型国际关系，推动构建人类命运共同体，将与实现中华民族伟大复兴的中国梦相互交融、相互促进、相得益彰，并对国际秩序以及人类福祉产生积极而深远的影响。

3. 进入新时代，中国特色大国外交迎接新挑战

党的十九大报告指出，中华民族伟大复兴，绝不是轻轻松松、敲锣打鼓就能实现的。同样，推动构建新型国际关系和人类命运共同体，实现与世界的良性互动与合作共赢，为我国发展营造一个和平稳定的有利外部环境，这一进程也充满挑战，需要我们付出更为艰巨、更为艰苦的努力。必须指出的是，坚持走和平发展道路，致力于合作共赢，是中国特色大国外交的根本要求；坚决维护国家的正当权益，是中国特色大国外交的基本任务。中国决不会以牺牲别国利益为代价来发展自己，也决不放弃自己的正当权益。

4. 进入新时代，中国特色大国外交将有新作为

党的十九大报告指出，中国始终不渝走和平发展道路、奉行互利共赢的开放战略，坚持正确义利观，树立共同、综合、合作、可持续的新安全观，谋求开放创新、包容互惠的发展前景，促进和而不同、兼收并蓄的文明交流，构筑尊崇自然、绿色发展的生态体系，始终做世界和平的建设者、全球发展的贡献者、国际秩序的维护者。展望未来，中国外交将以更加宽广的视野、更加周密务实的布局、更加淡定自信的心态、更加自觉的国际担当、

更加积极主动的姿态，实现新时代外交的新突破。一是走“对话而不对抗、结伴而不结盟”的国与国交往新路，积极发展全球伙伴关系，扩大同各国的利益交汇点，推进大国协调和合作、深化同周边国家关系，加强同发展中国家团结合作；二是遵循共商共建共享原则，积极参与和引领全球治理体系改革和建设，提供新的“全球公共产品”，倡导国际关系民主化，支持扩大发展中国家在国际事务中的代表性和发言权，推动全球治理体制向着更加公正合理的方向发展；三是本着以和平合作、开放包容、互学互鉴、互利共赢为核心的丝路精神，点面结合推进“一带一路”建设，打造国际合作新平台，增添共同发展、共同繁荣的新动力。

推荐阅读

1. 向宏、胡德平、王顺洪、徐飞：《大交通：从“一带一路”走向人类命运共同体》，西南交通大学出版社，2017 年版。
2. 宾祥胜：《区域共同市场：后全球化过渡期的市场特性与趋势前瞻》，西南交通大学出版社，2017 年版。
3. 马跃：《冷思考：“一带一路”深层问题与关键问题梳理及求解》，西南交通大学出版社，2017 年版。

视频链接

构建人类命运共同体

专题十二

振兴乡村　消除贫困

——精准扶贫引领脱贫攻坚

2016 年 7 月 20 日，习近平在银川主持召开东西部扶贫协作座谈会上指出，扶贫开发到了攻克最后堡垒的阶段，所面对的多数是贫中之贫、困中之困，需要以更大的决心、更明确的思路、更精准的举措抓工作。要坚持时间服从质量，科学确定脱贫时间，不搞层层加码。要真扶贫、扶真贫、真脱贫。精准扶贫就是要将智力扶贫、物质扶贫、产业扶贫紧密结合起来，并把智力扶贫摆在突出位置，坚持“治贫先治愚，扶贫先扶智”的原则。全面向“造血式”扶贫转变，切断贫困现象代际传递；着力提升贫困人口受教育程度和就业创业能力，力争技术培训到户、就业脱贫到户、提高能力到户，阻断脱贫人群的“返贫路”，努力让每个人都有人生出彩的机会。

一、精准扶贫的内涵

精准扶贫是粗放扶贫的对称，是指针对不同贫困区域环境、不同贫困农户状况，运用科学有效程序对扶贫对象实施精确识别、精确帮扶、精确管理的治贫方式。一般来说，精准扶贫主要是就贫困居民而言的，谁贫困就扶持谁。

1. 贫困户精准识别的标准

一是严格按农民年人均纯收入为标准，2016 年国家脱贫标准是 3026 元。二是统筹考虑“两不愁三保障”因素，即不愁吃，口粮不愁，主食细粮有保障；不愁穿，年有换季衣服，季有换洗衣服；义务教育，农户家庭中有子女上学负担较重，虽然人均纯收入达到识别标准，但也要统筹考虑纳入扶贫对象；基本医疗，农户家庭成员因患 45 种大病之一或长期慢性病，影响家庭成员正常生产生活，需要经常住院治疗或长期用药治疗，刚性支出较大，虽然人均纯收入达到识别标准，但也要统筹考虑纳入扶贫对象；住房安全，农户居住用房是 C、D 级危房的，虽然人均纯收入达到识别标准，也要统筹考虑纳入扶贫对象。

2. 贫困人口退出的标准

贫困人口退出以户为单位，主要衡量标准是该户有相对稳定可靠的增收渠道和收入来

源，年人均纯收入超过国家扶贫标准且吃穿不愁，适龄儿童接受九年义务教育，家庭无因贫辍学学生，参加新型农村合作医疗，大病有救助，住房条件有明显改善，有自有住房、无危房。

3. 贫困村退出的标准

贫困村退出以贫困发生率为主要衡量标准，原则上贫困村贫困发生率降至 2%以下。基础设施建设达到行政村道路基本实现硬化，具备通车条件的行政村实现通客运班车，基本解决饮水安全问题，基本满足生产、生活用电需求等。基本公共服务实现广播电视户户通，有文化活动室和村民图书室，有标准化卫生室、有合格乡村医生或执业（助理）医师，行政村基本实现通宽带等。统筹考虑产业发展、集体经济收入等因素。

4. 贫困县退出的标准

贫困县退出以贫困发生率为主要衡量标准，原则上贫困县贫困发生率降至 2%以下。贫困县 90%以上的贫困村通过扶贫实现退出，农民人均可支配收入增长幅度高于全省平均水平，教育、文化、卫生医疗等基本公共服务主要领域指标达到或接近全省平均水平。

二、目前我国的贫困人口数量及主要问题

2017 年 12 月 28 日，中国社科院在京发布《2018 社会蓝皮书》：2016 年，全国农村贫困人口已降低到 4335 万人，比 2015 年减少了 1240 万人。2017 年加大了对集中连片特困地区、革命老区、民族地区、边疆地区的支持力度，在基础设施建设和基本公共服务等方面给予了倾斜支持。2017 年完成全年的脱贫任务，再减少贫困人口 1000 万人，则全国的贫困人口降低到 3000 万人左右。

现阶段，我国的扶贫开发工作已进入“啃硬骨头、攻坚拔寨”的冲刺期，存在亟待冲破数量多、难度大、时间紧的难题。难度大，脱贫攻坚越深入，脱贫的成本就越高、难度越大、见效越慢。时间紧，自 2017 年开始，每年要减贫 1000 万人以上，如此才能实现全面建成小康社会的目标。

三、治贫先治愚，扶贫先扶智（志）

精准扶贫就是要将智力扶贫、物质扶贫、产业扶贫紧密结合起来，并把智力扶贫摆在突出位置，坚持“治贫先治愚，扶贫先扶智（志）”的原则。全国各地区精准扶贫工作从顶层设计到一线实践都在积极探索由“输血式”扶贫为主向“旅游 + 扶贫”“产业 + 扶贫”“生态 + 扶贫”等有效的“造血式”扶贫转变，并取得了良好效果。事实证明，农民的受教育程度和智力水平决定了富裕水平。目前广泛采取的扶贫模式确实具有雪中送炭之功效，但对大多数贫困人口来说，因病致贫、因学致贫、因婚致贫、因丧致贫等相对而言都是暂时的，而文化层次低、又没有一技之长，才是造成贫困的深层次原因。

要注重将扶贫与扶智结合起来，把贫困群众积极性和主动性充分调动起来，引导贫困群众树立主体意识，发扬自力更生精神，激发其改变贫困面貌的干劲和决心，变“要我脱

贫”为“我要脱贫”。因此，要充分利用好中国特色新型智库的优势资源，最大限度推动精准扶贫释放巨大能量，确保把宝贵的扶贫资金和力量用到最急需的地方，激发出贫困地区发展的内生动力。

组建进出畅通、结构优化、动态管理、专兼职结合的“扶贫智库”，为相关领域的决策咨询提供可选择的专家人才。入库专家由从事行业扶贫规划设计的资深人员和从事扶贫开发实践的相关人员组成。主要负责对扶贫开发重大决策及其实施提出咨询意见和建议；对重要扶贫规划和重点扶贫项目、财政扶贫资金整合等进行评审、论证，并引入第三方评估机制，评估脱贫攻坚责任、专项规划和重大政策措施落实情况等，适时公开发布智库成果；监督精准识别、精准退出等情况。

积极开展“智库＋精准扶贫”活动，设立专项活动资金，统一组织科研机构和党政型智库相关研究人员深入贫困县、乡（镇）、村、户，有计划、大规模、分阶段地进行实地调研，掌握当地经济社会发展状况，挖掘、总结好做法、好经验，促进精准扶贫准中求准、精益求精，提高精准施策的针对性、时效性。同时，通过建立统一的手机应用程序、微信公众号等快捷有效的方式，最快时间将有效信息传递到第一书记和广大扶贫干部手中，帮助他们第一时间找准“病根”，及时对症下药。

拓展阅读一

智力扶贫，让扶贫更高效

第一，围绕精准扶贫脱贫，加强应用对策研究，鼓励大胆探索，提倡不同政策建议切磋争鸣、平等讨论，创造有利于智库发挥作用的良好环境。

第二，探索建立和完善决策部门对智库咨询意见的运用和反馈机制。

第三，引导各类智库，包括各科研机构、高等院校、协会社团组织及大型企业主动联络贫困县、乡（镇）、村，通过举办政策解读讲座、座谈会、论坛等多种形式，有的放矢、因地制宜地为贫困地区的精准扶贫脱贫建言献策。

第四，鼓励各类智库根据自身资源优势，梳理地方发展政策及资金需求，广泛对接外部资源，因地制宜联络引进适合当地发展的长期项目，构建“智库＋产业”平台，用智库引导贫困地区发展，推动贫困地区产业链融合发展。

第五，整合现有的多种培训资源，实施常态化文化知识扶贫、职业教育扶贫、实用技能扶贫等扶贫模式，全面向“造血式”扶贫转变，切断贫困现象代际传递；着力提升贫困人口受教育程度和就业创业能力，力争技术培训到户、就业脱贫到户、提高能力到户，阻断脱贫人群的“返贫路”，努力让每个人都有人生出彩的机会。

（作者：苏怡、徐建龙。资料来源：http://www.rmlt.com.cn/2017/0712/483722.shtml，人民论坛杂志社，有删减）

四、打好精准脱贫攻坚战，增强贫困群众获得感

四川省南部县打造脱贫攻坚合力 扶贫不唱“独角戏”

乡村振兴，摆脱贫困是前提。必须坚持精准扶贫、精准脱贫，把提高脱贫质量放在首位，采取更加有力的举措、更加集中的支持、更加精细的工作，坚决打好精准脱贫这场对全面建成小康社会具有决定性意义的攻坚战。

1. 瞄准贫困人口精准帮扶

对有劳动能力的贫困人口，强化产业和就业扶持，着力做好产销衔接、劳务对接，实现稳定脱贫。有序推进易地扶贫搬迁，让搬迁群众搬得出、稳得住、能致富。对完全或部分丧失劳动能力的特殊贫困人口，综合实施保障性扶贫政策，确保病有所医、残有所助、生活有兜底。做好农村最低生活保障工作的动态化精细化管理，把符合条件的贫困人口全部纳入保障范围。

2. 聚焦深度贫困地区集中发力

全面改善贫困地区生产生活条件，确保实现贫困地区基本公共服务主要指标接近全国平均水平。以解决突出制约问题为重点，以重大扶贫工程和到村到户帮扶为抓手，加大政策倾斜和扶贫资金整合力度，着力改善深度贫困地区发展条件，增强贫困农户发展能力，重点攻克深度贫困地区脱贫任务。新增脱贫攻坚资金项目主要投向深度贫困地区，增加金融投入对深度贫困地区的支持，新增建设用地指标优先保障深度贫困地区发展用地需要。

3. 激发贫困人口内生动力

把扶贫同扶志、扶智结合起来，把救急纾困和内生脱贫结合起来，提升贫困群众发展生产和务工经商的基本技能，实现可持续稳固脱贫。引导贫困群众克服等靠要思想，逐步消除精神贫困。要打破贫困均衡，促进形成自强自立、争先脱贫的精神风貌。改进帮扶方式方法，更多采用生产奖补、劳务补助、以工代赈等机制，推动贫困群众通过自己的辛勤劳动脱贫致富。

4. 强化脱贫攻坚责任和监督

坚持中央统筹、省负总责、市县抓落实的工作机制，强化党政一把手负总责的责任制。强化县级党委作为全县脱贫攻坚总指挥部的关键作用，脱贫攻坚期内贫困县县级党政正职要保持稳定。开展扶贫领域腐败和作风问题专项治理，切实加强扶贫资金管理，对挪用和贪污扶贫款项的行为严惩不贷。完善扶贫督查巡查、考核评估办法，除党中央、国务院统一部署外，各部门一律不准再组织其他检查考评。严格控制各地开展增加一线扶贫干部负担的各类检查考评，切实给基层减轻工作负担。关心爱护战斗在扶贫第一线的基层干部，制定激励政策，为他们工作生活排忧解难，保护和调动他们的工作积极性。做好实施乡村振兴战略与打好精准脱贫攻坚战的有机衔接。①

2018 年 3 月 5 日李克强总理的政府工作报告回顾了过去的成绩，并对下一年的任务进

① 中共中央、国务院:《关于实施乡村振兴战略的意见》, http：//www.cnfpzz.com//column/lanmu4/shujuziliao/2018/0204/12144.html。

行了布置。报告中的一项重要内容为扶贫减贫。在下一年，国家计划加大精准脱贫力度。一年内再减少农村贫困人口 1000 万以上。同时，继续深入推进产业、教育、健康、生态扶贫，补齐基础设施和公共服务短板，激发脱贫内生动力；强化对深度贫困地区支持，中央财政新增扶贫投入及有关转移支付向深度贫困地区倾斜；对老年人、残疾人、重病患者等特定贫困人口，因户因人落实保障措施；新产生的贫困人口和返贫人口要及时纳入帮扶；加强扶贫资金整合和绩效管理；开展扶贫领域腐败和作风问题专项治理，改进考核监督方式。

拓展阅读二

对于下一步继续减贫的注意事项，主要有几点：

第一，要形成多维扶贫明确思路，即对健康、教育、生活水平等各维度同时纳入考虑，而不是只考虑收入指标。

第二，进一步促进机会均等，提高社会流动性，当前社会流动性已经出现一定固化倾向，低收入人口应有更多机会继续提高收入。

第三，最重要的是继续保持经济平稳发展，提高大多数人收入是减少贫困的最重要方法。

第四，对于特殊疾病应采取国家集中照料、加大补贴的原则，目前在广大农村地区，特殊疾病患者仍然给众多家庭带来沉重负担，依靠家庭照料将难以释放家庭负担并脱贫。

（作者：孙文凯，中国人民大学国家发展与战略研究院研究员、中国人民大学经济学院副教授，资料来源：http：//www.zgjzfpw.org.cn/news.asp? n=3604）

西部地区特别是民族地区、边疆地区、革命老区、连片特困地区贫困程度深、扶贫成本高、脱贫难度大，是脱贫攻坚的短板，进一步做好东西部扶贫协作和对口支援工作，必须采取系统的政策和措施。习近平指出，扶贫开发到了攻克最后堡垒的阶段，所面对的多数是贫中之贫、困中之困，需要以更大的决心、更明确的思路、更精准的举措抓工作。要坚持时间服从质量，科学确定脱贫时间，不搞层层加码。要真扶贫、扶真贫、真脱贫。

习近平指出，脱贫攻坚是干出来的，靠的是广大干部群众齐心干。贫困地区要激发走出贫困的志向和内生动力，以更加振奋的精神状态、更加扎实的工作作风，自力更生、艰苦奋斗，凝聚起打赢脱贫攻坚战的强大力量。要组织和动员有志于为党和人民建功立业、做一番作为的干部到西部地区来，努力在艰苦条件下、在攻坚克难中使自己成长为可以担当重任、能打硬仗的高素质干部。

拓展阅读三

2011 年，国家确定的农民年人均纯收入为 2300 元，按照 2011 年当年不变价（核实物价上涨指数），2013 年贫困线标准为 2736 元，2014 年贫困线标准为 2800 元，2015 年贫困线为 2885 元，2016 年贫困线为 3026 元。

* * *

2018年3月5日，李克强总理的政府工作报告回顾了过去的成绩，并对下一年任务进行了布置。报告中的一项重要内容为扶贫减贫。过去五年，国家全面推进精准扶贫、精准脱贫，健全中央统筹、省负总责、市县抓落实的工作机制，脱贫攻坚取得重大进展，贫困人口减少6800多万，贫困发生率由10.2%下降到3.1%，目前贫困人口约3000万人。

* * *

四川省22个扶贫专项2018年实施方案出炉

四川省委办公厅、省政府办公厅日前印发22个扶贫专项，2018年实施方案总投资1273亿元，较去年增长18.5%。聚焦30个贫困县、3500个贫困村、100万贫困人口脱贫摘帽年度任务，22个扶贫专项实施方案将助力打好脱贫攻坚战。

基础设施建设是重头戏，资金投入占比过半。交通领域投入最多，达535.2亿元。其他基础设施领域，水利建设计划解决贫困地区42.38万贫困人口饮水问题；全省贫困村基本实现村村通光纤；在49个贫困县新建大型沼气工程24处。

产业就业扶贫鼓起"钱袋子"。今年四川省计划新建或改造特色产业基地302万亩，其中深度贫困县25.4万亩；建设现代农业产业融合示范园区150个；创建旅游扶贫示范区5个、旅游扶贫示范村104个、乡村民宿达标户1000户；开展贫困县农村电商、服务业、进出口、家政等技能培训2万人；确保贫困家庭劳动力新增转移就业10万人；落实生态护林员公益岗位5万个。

民生保障方面，四川省将继续按照不低于动态调整后的国家扶贫标准，统一制定发布全省农村低保标准；帮助100.62万建档立卡贫困学生解决就学难题；对34万贫困人口实施易地扶贫搬迁。

四川省要求各地各部门要把实施扶贫专项作为当前脱贫攻坚最紧迫的任务来抓，及早启动实施。

图12-1 四川成都市战旗村的旅游开发项目（郭发仔 摄）

（图片来源：http：//www.cnfpzz.com//column/fupinzixun/fupindongtai/ 2018/0122/12099.html）

权威声音：习近平总书记——抓工作，要有雄心壮志，更要有科学态度。一是领导工作要实，做到谋划实、推进实、作风实，求真务实，真抓实干。二是任务责任要实，做到分工实、责任实、追责实，分工明确，责任明确，履责激励，失责追究。三是资金保障要实，做到投入实、资金实、到位实，精打细算，用活用好，用在关键，用出效益。四是督查验收要实，做到制度实、规则实、监督实，加强检查，严格验收，既不拖延，也不虚报。

拓展阅读四

四川省明确贫困县贫困村贫困户退出标准

四川省明确，按照“五年集中攻坚、一年巩固提升”的要求，在2019年底前完成全省380万农村贫困人口脱贫、11501个贫困村退出、88个贫困县摘帽，确保到2020年完成脱贫攻坚目标任务。近日，省委办公厅、省政府办公厅印发《四川省贫困县贫困村贫困户退出实施方案》(以下简称《方案》)，明确贫困人口、贫困村、贫困县退出标准、程序以及相关工作要求。

贫困县退出后到2020年，国家、省原有扶贫政策不变、支持力度不减，确保到2020年完成脱贫攻坚目标任务，让贫困群众住上好房子、过上好日子、养成好习惯、形成好风气。

贫困人口退出以户为单位，主要衡量标准是贫困户年人均纯收入稳定超过国家扶贫标准且吃穿不愁，义务教育、基本医疗、住房安全有保障；在此基础上做到户户有安全饮用水、有生活用电、有广播电视。

贫困村退出以贫困发生率为主要衡量标准，原则上贫困村贫困发生率降至3%以下，统筹考虑村内基础设施、基本公共服务、产业发展、集体经济收入等综合因素；在此基础上做到村村有集体经济收入、有硬化路、有卫生室、有文化室、有通信网络。

贫困县退出以贫困发生率为主要衡量标准，原则上贫困县贫困发生率降至3%以下；在此基础上做到乡乡有标准中心校、有达标卫生院、有便民服务中心。

（来源：《四川日报》，2016年8月24日）

拓展阅读五

四川恩阳：万寿村实施集体经济“4+”模式释放改革红利

2016年，四川省巴中市恩阳区观音井镇万寿村率先在全区开展农村集体资产股份合作制改革试点，探索建立“一清两固三制四流程”股改工作机制。该村创新实施的农村集体经济改革“4+”模式，发展壮大了村集体经济，切实增加了农民收入。

一、“资产经营+集体经济”模式

当地龙头企业、专合社等独立盘活运营集体闲置资产，发包堰塘13口、水库一座，出租旧村部房屋、会议室等闲置办公用房，村集体获取租金收益2.1万元。

二、“股份合作+集体经济”模式

引进某农业科技有限公司出资124万元，村集体出资100万元，共同组建万寿村农机服务专业合作社，吸纳农户442户共1623人（其中贫困户56户共222人）入社。2017年，万寿村农机服务专业合作社实现收入19.8万元，盈利3.9万元，村集体经济实现股权收益1.7万元。

三、“资产收益+集体经济”模式

该村整合财政资金143.4万元，万寿养殖专业合作社出资686.6万元，实行“三股一保底”的股权量化机制，共量化股份8160股，其中万寿养殖专业合作社占6726股，村集体占1434股。

四、“创办实体+集体经济”模式

2017年，万寿村被纳入全省扶持村级集体经济发展试点，该村利用试点资金100万元，整合其他资金近170万元，创办经营实体，增加村集体经济收入。回购农村闲置房屋一座，打造成休闲农家乐，由村集体经济股份合作社自行经营或对外公开租赁经营，预计年保底收益可达10万元。

截至2017年底，该村80户共303人实现脱贫，村集体经济收入4.9万元，人均达30.4元。

（作者：杨运胜。资料来源：http：//www. cnfpzz.com//column/lanmu4/jingyanjiaoliu/2018/0205/ 12151.html）

推荐阅读

1. 教育部、国务院扶贫办：《关于印发〈深度贫困地区教育脱贫攻坚实施方案（2018—2020年）〉的通知》，
   http：//www.cnfpzz.com//column/lanmu4/shujuziliao/2018/0227/12193.html。
2. 中共中央、国务院：《关于实施乡村振兴战略的意见（全文）》，
   http：//www.cnfpzz.com//column/lanmu4/shujuziliao/2018/0204/12144.html。
3. 中共中央宣传部宣传教育局：《展望“十三五”》，时事报告杂志社，2016年5月。

视频链接

习近平总书记凉山扶贫纪实

专题十三

建设美丽繁荣和谐四川　推动治蜀兴川再上新台阶

——学习中国共产党四川省第十一次代表大会精神

2017 年 5 月 24 日，中国共产党四川省第十一次代表大会在成都开幕。王东明同志代表第十届委员会向大会作了题为《紧密团结在以习近平同志为核心的党中央周围 建设美丽繁荣和谐四川 推动治蜀兴川再上新台阶》的报告。大会讨论审查了中共四川省第十届委员会工作报告和中共四川省第十届纪律检查委员会工作报告，选举产生了四川省出席党的十九大代表和新一届省委、省纪委，从思想上政治上组织上为当前和今后一个时期治蜀兴川事业继往开来奠定了坚实基础。

习近平总书记说："一滴水可以反映出太阳的光辉，一个地方可以体现一个国家的风貌。"作为新时代的接班人，我们有责任和义务为建设美丽繁荣和谐四川，推动治蜀兴川再上新台阶贡献绵薄之力。

一、中国共产党四川省第十一次代表大会的主题

本次大会主题是：高举中国特色社会主义伟大旗帜，以习近平总书记系列重要讲话精神和治国理政新理念新思想新战略为统揽，全面落实习近平总书记对四川工作重要指示精神，改革创新、锐意进取，深入实施"三大发展战略"，奋力实现"两个跨越"，加快建设美丽繁荣和谐四川，推动治蜀兴川再上新台阶，在全面建成小康社会决胜阶段再立新功，为谱写中国梦四川篇章而努力奋斗。

这个主题，开宗明义地宣示了四川省要实现的奋斗目标。

二、中国共产党四川省第十一次代表大会的意义

中国共产党四川省第十一次代表大会是对党的十八大以来省委治蜀兴川发展思路、发展战略、发展成果的集中检验，是对四川沿着总书记指引正确方向坚定前行、科学描绘未来发展美好蓝图的集中检验，是对四川从严管党治党、重塑良好政治生态的集中检验。

大会坚定用习近平总书记系列重要讲话精神和治国理政新理念新思想新战略统揽全局，坚决维护党中央权威和集中统一领导，不折不扣推动中央大政方针在四川具体化，庄严作出始终在思想上政治上行动上同以习近平同志为核心的党中央保持高度一致的政治宣

示。大会充分发扬党内民主，鲜明确立“一个愿景、两个跨越、三大发展战略”①总体谋划，共同描绘了建设美丽繁荣和谐四川、推动治蜀兴川再上新台阶的宏伟蓝图，全面吹响了决胜全面小康、建设经济强省、谱写中国梦四川篇章的时代号角。

中国共产党四川省第十一次代表大会精神集中体现在王东明同志所作的工作报告中。王东明同志代表中共四川省第十届委员会作了题为《紧密团结在以习近平同志为核心的党中央周围 建设美丽繁荣和谐四川 推动治蜀兴川再上新台阶》的工作报告，报告坚持把贯彻落实习近平总书记系列重要讲话精神作为主线贯穿始终，专门用一个部分深刻领会习近平总书记系列重要讲话精神和治国理政新理念新思想新战略的丰富内涵，并以此统揽谋划推动治蜀兴川各项工作，体现了鲜明的“政治属性”。报告中全面总结过去五年的奋斗历程和重大成就，准确研判国内外发展大势，深刻把握四川发展阶段性特征，科学确立未来发展指导思想、奋斗目标和战略举措，深刻阐述了事关四川未来发展的若干重大问题，科学回答了如何推动治蜀兴川再上新台阶的时代命题，体现了强烈的政治性、战略性、时代性、人民性和实践性。这是一个高举旗帜、维护核心、凝心聚力、催人奋进的报告，是引领全省广大党员和干部群众在新的历史起点走好新长征路的政治宣言，是指导当前和今后一个时期治蜀兴川各项事业发展的行动纲领。

三、过去五年的工作总结及形成的重大经验

报告全面客观总结了过去五年省委治蜀兴川的发展成就。具体表现为：经济实力迈上新的台阶，经济总量达到 3.26 万亿元，跃升至全国第六位，多点多极竞相发展态势总体形成——成都平原经济区经济总量均超过 5000 亿元，天府新区发展势头强劲，经济总量过千亿元的市（州）达 15 个，过百亿元的县（市、区）达 112 个，新型城镇化建设进程加快，改革红利不断释放，开放合作高水平高端化推进，长远发展基础不断夯实（天府新区上升为国家级新区、全面创新改革试验、自由贸易试验区等国家战略布局先后落户四川），群众生活水平大幅提升，思想文化建设成果丰硕，绿色发展迈出坚实步伐，民主法治建设稳步推进，党的建设全面加强。

报告总结了过去五年的基本经验：第一，方向问题始终是决定治蜀兴川事业成败的根本所在，必须切实增强“四个意识”，自觉在思想上政治上行动上同以习近平同志为核心的党中央保持高度一致，确保事业沿着正确方向前进。第二，四川的基本省情决定了发展始终是第一要务，必须把经济建设作为兴省之要、把创新驱动转型发展作为核心任务，加快闯过转型升级这道关口。第三，四川工作纷繁复杂千头万绪，必须事不避难、统筹兼顾、谋定后动、勇于担当，以钉钉子精神狠抓落实，一步一个脚印实现既定目标。第四，治蜀兴川重在厉行法治，必须把依法治省作为事关全局的战略任务和关键性工程来抓，确保社会和谐稳定、长治久安。第五，事业发展的根本力量在人民，必须始终把人民群众对美好生活的向往作为奋斗目标，不断夺取治蜀兴川新胜利。第六，党的伟大工程保障党的伟大

① 一个愿景：建设美丽繁荣和谐四川。两个跨越：从经济大省向经济强省跨越、从总体小康向全面小康跨越。三大发展战略：实施多点多级支撑发展战略，实施“两化”互动城乡统筹发展战略，实施创新驱动发展战略。

事业，必须坚定推进全面从严治党，为四川各项事业发展提供坚强保证。省委要求，这些经验启示弥足珍贵，要一以贯之坚持下去并不断丰富发展。

四、未来五年治蜀兴川必须要把握的战略方向

面对新的伟大实践，有七个要注意把握的战略问题：一是必须毫不动摇把习近平总书记系列重要讲话精神和治国理政新理念新思想新战略作为思想旗帜、科学指南和根本遵循，始终以此统揽四川各项工作，推动治蜀兴川再上新台阶。二是要紧紧围绕实现“两个一百年”奋斗目标，奋力谱写中国梦四川篇章。三是要始终保持“四个自信”政治定力，坚定中国特色社会主义必胜信心。四是要协调推进“四个全面”战略布局，统筹推动治蜀兴川各项事业发展。五是要牢固树立和自觉践行新发展理念，走出新常态下四川转型发展新路子。六是要始终坚持稳中求进这个工作总基调和治国理政重要原则，确保四川改革发展行稳致远。七是要全面落实习近平总书记对四川工作的重要指示，向党中央和全省人民交出合格答卷。

1. 未来五年的安排部署

报告明确了未来五年全省工作的指导思想是：高举中国特色社会主义伟大旗帜，以习近平总书记系列重要讲话精神和治国理政新理念新思想新战略为统揽，全面落实党中央各项决策部署，统筹推进“五位一体”总体布局、协调推进“四个全面”战略布局，坚持稳中求进工作总基调，贯彻新发展理念，扎实做好稳增长、促改革、调结构、惠民生、防风险各项工作，推动治蜀兴川再上新台阶，在全面建成小康社会决胜阶段再立新功。

报告明确了未来五年全省工作的奋斗目标是：用建设美丽繁荣和谐四川的美好愿景凝聚奋进力量，始终不渝朝着决胜全面小康、建设经济强省“两个跨越”的奋斗目标坚定前行。

具体来讲，主要是以下几个方面：

（1）经济综合实力再上新台阶。保持高于全国的经济增长速度，到 2020 年经济总量达到 4.2 万亿元，到 2022 年地区生产总值和城乡居民人均可支配收入比 2012 年翻一番，努力在创新驱动转型发展、全面开发开放上走在全国前列。

（2）人民生活质量再上新台阶。城乡居民收入增长快于经济增速，每年城镇新增就业 100 万人左右，现行标准下农村贫困人口全部脱贫，基本公共服务均等化总体实现，社会事业全面进步。

（3）生态文明建设再上新台阶。森林覆盖率达到 40%，主体功能区布局全面落实，大气、水、土壤污染防治取得阶段性成果，主要污染物排放总量明显减少，绿色低碳循环发展方式基本形成，长江上游生态屏障进一步筑牢。

（4）文化繁荣发展再上新台阶。主流思想舆论不断巩固壮大，公民素质和社会文明程度普遍提升，公共文化服务体系更加健全，文化产业成为支柱性产业，彰显中国气派、富集巴蜀特色的文化软实力明显增强。

（5）现代治理能力再上新台阶。党的执政能力不断增强，社会主义民主政治切实加强，

社会治理更加完善，全面深化改革取得决定性成果，办事依法、遇事找法、解决问题用法、化解矛盾靠法的法治良序整体形成，治理体系和治理能力现代化水平显著提升。

报告明确了未来五年全省工作的三大发展战略，指出这是经过实践检验的正确路径选择，是推动四川转型发展科学发展、实现宏伟蓝图的关键之举。这三大发展战略是：

一是要深入实施多点多极支撑发展战略，构建区域协同共兴、整体跨越提升的新格局。强化首位城市带头带动引领示范辐射作用，支持成都市建设全面体现新发展理念的国家中心城市，以全面创新改革试验为契机，统筹推进成德绵创新带建设和攀西协同发展；以建设天府新区、天府国际机场和国际空港新城为纽带，带动成眉、成资、成遂协同发展；以建设世界旅游目的地为抓手，推动成乐、成雅协同发展；以共建自由贸易试验区为平台，推进成都市和川南 4 市协同发展；以成渝深化合作为机遇，推动川东北 5 市积极融入成渝经济区发展；以共建产业园区和省内对口帮扶为载体，带动民族地区加快发展。打造各具特色和支撑的区域经济板块，促进成都平原经济区一体化发展，把天府新区建成最具活力的新兴增长极，推动川南经济区建成长江上游重要城市群和川渝滇黔结合部区域经济中心，川东北经济区建成川陕革命老区振兴发展示范区和川渝陕甘结合部区域经济中心，攀西经济区建成国家战略资源创新开发试验区和全国阳光康养旅游目的地，川西北生态经济区建成国家生态文明先行示范区和国际知名生态文化旅游目的地。持续做大市州经济梯队、夯实县域底部基础，支持市（州）错位发展、竞相赶超，加快培育壮大支柱产业、骨干企业，推动开发区园区创新发展、绿色发展，做大做强区域中心城市；引导县域经济因地制宜、培植优势，加快县城和工业园区建设，发展特色主导产业，壮大民营经济实力；强化市县协同联动，加强区域政策统筹，推动市（州）之间、县（市、区）之间基础设施、要素市场、公共服务等共建共享，最大限度优化整合资源、激发潜力活力，在优势互补中实现更大发展。

二是要深入实施“两化”互动城乡统筹发展战略，构建“四化”同步发展、城乡共同繁荣的新格局。坚持以新型工业化为主导、新型城镇化为载体、农业现代化为基础，注重发挥信息化的聚合、叠加、倍增效应，形成具有核心竞争力的现代产业体系，形成宜居宜业宜商的现代城镇体系，沿交通走廊布局发展经济走廊，建设成渝城镇发展轴、成绵乐城镇发展带、达南内宜城镇发展带和沿长江城镇发展带，支持建设百万人口大城市，发展特色鲜明的中小城市和小城镇，促进成都平原、川南、川东北和攀西城市群加快发展。着力形成城乡一体的现代城乡形态，统筹推进城乡规划、基础设施、产业发展、公共服务、社会管理，逐步缩小城乡发展差距，形成以工促农、以城带乡的新型工农城乡关系。

三是要深入实施创新驱动发展战略，构建动力转换接续、发展提质升级的新格局，四川抢占未来发展制高点，必须坚持把创新摆在发展全局核心位置，把发展基点放在创新上。要进一步解放思想、转变观念，坚定把创新驱动贯穿经济社会发展各领域全过程，以科技创新带动理论、产业、管理、体制机制和文化等全面创新，加快建成国家创新驱动发展先行省。突出全面创新改革“一号工程”，紧紧抓住改革试验重大历史机遇，深入探索军民融合创新发展，充分发挥成德绵等重点区域协同创新效应，带动川南、川东北、攀西等其他地区创新发展，让创新驱动成为全省发展主旋律。激发科技创新“第一动力”，坚持面向世界科技前沿、面向经济主战场、面向国家重大需求，在重大科技攻关和产业高端发展上不

断取得突破，推动科技成果加速转化为现实生产力，努力塑造更多依靠创新驱动、更好发挥先发优势的引领型发展。用好创新人才“第一资源”，树立尊重知识、尊重人才、尊重创造导向，营造更具激励性和吸引力的制度环境，大力实施招才引智计划，把四川建设成为海内外高端人才汇聚高地、各类人才价值实现高地，让一切创新创造源泉迸发涌流，为转型发展打造强劲引擎、注入澎湃动力，推动我省经济加快由要素驱动为主向创新驱动为主转变。

图 13-1：中国（四川）自由贸易试验区于 2017 年 4 月 1 日在成都市天府新区正式挂牌

2. 未来五年四川经济社会发展重点任务

一是要深入推进供给侧结构性改革，扎实推进“三去一降一补”①，加快培育新动能，实施质量对标提升行动，开展四川制造品牌创建，构建有利于人才、资本、土地等要素向实体经济优化配置的体制机制。大力推动产业迈向中高端、加快产业升级是筑牢实体经济根基、增加有效供给的着力重点。要大力发展先进制造业，深入实施《中国制造 2025 四川行动计划》，做大做强“双七双五”产业，加快新一代信息技术、新能源汽车、航空与燃机、轨道交通、生物医药和高端医疗设备、页岩气、石墨烯等产业发展。深化农业供给侧结构性改革，四川农业大省这块金字招牌不能丢，必须坚持把“三农”工作作为重中之重。要突出市场需求导向，主攻农业供给质量，优化农业产业体系、生产体系、经营体系，着力抓好建基地、创品牌、搞加工等重点任务，实施“十大行动”，建设“四区四基地”②，实现由农业大省向农业强省跨越。要促进粮食稳定生产，严守耕地红线，建成一批高标准农田和优质粮食生产功能区。加快新型城镇化进程。坚持以人为核心，推进城镇化转型发展，走出一条形态适宜、产城融合、城乡一体、集约高效的新型城镇化路子。

二是要持续深化改革扩大开放，坚持转型发展“对内靠改革、对外靠开放”，更加注重用改革的办法破除制约科学发展的制度藩篱，把开放合作作为高点起步、高端切入的直

① 去产能、去库存、去杠杆、降成本、补短板。

② 四区是指全国农业绿色可持续发展示范区，全国农村第一、二、三产业融合发展示范区，全国农村改革示范区，全国农业休闲养生示范区。四基地是指全国优质粮油产品生产基地、全国优质特色农产品供给基地、国家优质商品猪战略保障基地、全国优质农产品加工基地。

接抓手，不断增强发展动力活力。蹄疾步稳全面深化改革，坚持一手抓方案制订、一手抓任务落实，统筹推进“五位一体”建设和党的建设制度改革，重点推进有利于增添经济发展动力、有利于促进社会公平正义、有利于增强人民群众获得感、有利于调动广大干部群众积极性的改革。系统推进全面创新改革试验，强化改革统筹协调，健全组织管理体系、工作运行体系、政策制度体系，落实并不断完善技术攻关、成果转化等 9 张清单，全面完成改革试验任务，引领带动全省各地创新发展。突出军民融合特色，创新军转民、民参军机制，深入推进与央属军工集团和中物院的务实合作，建设航空、航天、信息安全等军民融合高技术产业基地，建设国家军民融合创新示范区。更高水平推进开放合作。我们已经站在同世界深度互动、向世界深度开放的新起点，必须在更高层次更宽领域汇聚资源要素，借势借力实现更大发展。要更加主动融入“一带一路”等国家战略，精心推进自由贸易试验区建设，突出制度创新这个核心任务，围绕打造“四区一高地”[①]，加快投资贸易便利化和金融领域改革创新，大力支持企业“走出去”，带动和推进外贸转型升级。坚持对标先进招大引强，务实办好重大展会和投资促进活动，加强与重要国家和港澳台地区的经贸合作，加快中德、中法、中韩、中意等国别园区建设，推进成渝经济区建设，深化与京津冀、长三角、珠三角及周边省（区、市）合作。全面提升开放合作比较优势，以机场、高速铁路、高速公路、高等级航道等为重点构建现代综合交通运输体系，建设长江上游航运物流中心，支持中欧班列（蓉欧快铁）加快发展，推进海关特殊监管区、国检试验区和开放口岸建设，营造法治化国际化便利化营商环境，不断提升开放型经济水平。

三是要坚决打赢脱贫攻坚战和推进社会民生事业发展。同步全面建成小康社会，重点在农村，难点在贫困地区特别是“四大片区”。必须坚持以人民为中心的发展思想，坚定不移打赢脱贫攻坚这场硬仗，不断增进民生福祉，决战决胜全面小康。

以“绣花”功夫精准扶贫精准脱贫，严格落实“六个精准”要求，统筹处理好点和面、建档立卡贫困户和临界状态群众、“输血”和“造血”、物质和精神、制度安排和压实责任、继续攻坚和防止返贫的关系，继续打好“3 + 10 + N”组合拳，让贫困群众住上好房子、过上好日子、养成好习惯、形成好风气。要围绕“两不愁”全力攻坚，着力改善交通、水利等基础设施条件，因地制宜发展特色产业，壮大村级集体经济，帮助贫困群众稳定就业增收。围绕“三保障”全力攻坚，扎实抓好易地扶贫搬迁、新村建设、农村危房改造，深入实施民族地区 15 年免费教育，推进“9 + 3”免费职业教育[②]在集中连片特困地区全覆盖，落实健康扶贫政策。围绕“四个好”全力攻坚，在全面提升群众生产生活水平的同时，坚持扶贫与扶志、扶智相结合，推进“四好村”创建，办好农民夜校，积极培育新风正气，引导贫困群众用勤劳的双手创造美好生活。围绕发挥资金最大效益全力攻坚，强化各类扶贫资金使用、管理和监督，发挥好财政资金放大作用，撬动更多金融资本、社会资金参与脱贫攻坚，管好用好“四项基金”，对挤占、挪用、截留、贪污扶贫资金等行为依法依规从严惩处。围绕构建稳定脱贫长效机制全力攻坚，强化市县党委、政府主体责任，落实领导

① 四川自贸试验区“四区一高地”的战略定位，即立足内陆、承东启西、服务全国、面向世界，将四川建设成为西部门户城市开发开放引领区、内陆开放战略支撑带先导区、国际开放通道枢纽区、内陆与沿海沿边沿江协同开放示范区和内陆开放型经济新高地。

②“9 + 3”免费职业教育：在 9 年义务教育的基础上，对彝区、藏区孩子提供 3 年的免费中职教育。

干部联系贫困县贫困村贫困户等制度和驻村帮扶机制，对接落实东西部扶贫协作和对口援藏，深入推进省内对口帮扶，扎实开展“回头看”“回头帮”，切实把脱贫攻坚这件头等大事抓实抓细抓具体，汇聚各方力量共同打赢这场硬仗。

全面发展社会事业，坚持普惠性、保基本、均等化、可持续，完善基本公共服务体系，办好民生实事，兜牢民生底线，让群众看得见、摸得着、感受得到，让老人更长寿、孩子更欢乐、青年人有更多的机会。

推进革命老区、民族地区、地震灾区同步奔小康。实施《川陕革命老区振兴发展规划》，推进综合改革试验，发挥生态优势、资源优势、红色文化优势，培育壮大特色产业，提升革命老区经济发展和群众生活水平。坚持发展民生稳定“三件大事”①一起抓，落实民族地区特殊支持政策，继续推进“交通大会战”，大力发展特色农牧业、民族文化和生态产业，提高教育、卫生等公共服务能力，加强川甘青交界地区综合治理，推动民族地区经济社会繁荣发展和长治久安。

四是要坚定推进生态优先、绿色发展。巴山蜀水只有在绿色装点下才会更加美丽。必须把生态文明建设摆在更加突出位置，加快构建适应绿色发展的空间体系、产业体系、城乡体系和制度体系，为子孙后代留下更多的生态财富。

持续加强生态保护，落实主体功能区规划，严守生态红线，推进脆弱地区生态治理，维护“四区八带多点”生态安全格局②。

坚决有力治理污染，打好蓝天保卫战，突出抓好大气污染联防联控，重拳治理雾霾污染，有效应对重污染天气，持续改善大气环境质量。打好碧水保卫战，全面落实河长制，加强沱江、岷江、嘉陵江等重点流域综合治理，全面改善水环境质量。打好净土保卫战，加强农村面源污染整治，保持土壤环境质量总体稳定。

加快发展绿色低碳循环经济。实施循环发展引领行动计划，发展水电、风电、太阳能等产业，做大做强节能环保装备产业。加快能源基础设施和网络建设，实施“气化全川、电能替代、清洁替代”工程，建成国家清洁能源示范省。节约集约利用资源，倡导绿色生产生活方式。推动能耗、物耗及污染物排放水平持续下降，以环保准入倒逼产业转型升级，决不以牺牲环境为代价换取一时一地的经济增长。

五是要切实加强思想文化建设，坚持社会主义先进文化前进方向，大力弘扬社会主义核心价值观，推动文化繁荣发展，为各项事业发展提供思想舆论保证和精神文化支撑。

巩固团结奋斗的共同思想基础，坚持把学习宣传贯彻习近平总书记系列重要讲话精神作为最大政治任务，加强中国特色社会主义理论体系和中国梦宣传教育，繁荣发展中国特色哲学社会科学，提振精气神、凝聚正能量。认真落实意识形态工作责任，巩固壮大主流思想舆论，推动媒体融合发展，推进依法管网治网，加强学校思想政治工作，牢牢掌握领导权、管理权、话语权。

培育践行社会主义核心价值观，弘扬民族精神和时代精神，持续开展社会公德、职业

① 三件大事是指发展、民生、稳定。

② “四区八带多点”生态安全格局：抓好若尔盖、川滇、秦巴、大小凉山四大重点生态功能区建设，加强长江、金沙江、嘉陵江、岷江—大渡河、沱江、雅砻江、涪江、渠江八大流域生态保护，加强世界遗产地、自然保护区、森林公园和风景名胜区等多个典型生态系统建设。

道德、家庭美德、个人品德教育，扎实开展群众性精神文明创建，深化拓展志愿服务，推动家庭、家教、家风建设，加强未成年人思想道德建设，形成崇德向善的社会风尚。深入挖掘优秀传统文化精神内核和当代价值，加强党史研究，做好档案工作，推动文化遗产保护和利用。

深入推进文化改革发展，坚持把社会效益放在首位、社会效益和经济效益相统一，深化文化体制改革，培育壮大文化市场主体。落实国家藏羌彝文化产业走廊总体规划，发展振兴四川出版和四川影视，建设高清四川智慧广电，支持文化创意、数字音乐、动漫等新兴文化产业发展。加强对外文化交流，推动巴蜀文化走出去。

增强优秀文化产品供给能力。加强文化小康建设，实施重点文化惠民工程，创新公共文化供给模式，促进基本公共文化服务标准化均等化。坚持“二为”方向和“双百”方针[①]，实施巴蜀文化品牌工程、名家工程等，创作更多文艺精品力作，加快建设文化强省。

六是要积极发展社会主义民主法治，加强社会主义民主政治建设，坚持和完善人民代表大会制度，支持人大及其常委会依法行使职权，保障人大代表依法履行职责，加强市县乡人大工作和建设。

深入开展法治四川建设，围绕中心大局科学立法，突出全面创新改革、脱贫攻坚、绿色发展等重点领域，完善保障经济社会发展的法规制度。聚焦转变政府职能推进依法行政，健全科学民主决策机制，健全行政权力运行制约和监督体系，依法全面履行政府职能。以深化司法体制改革为突破口推进公正司法，完善检察权、审判权运行机制，不断提高司法公信力，构筑维护社会公平正义坚固防线。着力弘扬法治精神，推进全民守法，持续推进“法律七进”[②]和基层法治示范创建活动，让尊法、学法、守法、用法成为习惯。

加强和创新社会治理，健全社会治安防控和公共安全体系，建设平安四川。做好成都和其他城市稳定工作，依法打击各类违法犯罪，常态化推进藏区依法治理和彝区禁毒防艾。深入开展反渗透、反分裂、反恐怖、反邪教斗争，切实维护国家安全。依法管理宗教事务。加强网格化管理服务，强化社会稳定风险评估，构建矛盾纠纷多元化解工作格局，加强和改进信访工作，坚决守住社会稳定、安全生产、食品药品安全底线。

七是要推动全面从严治党向纵深发展。建设美丽繁荣和谐四川、推动治蜀兴川再上新台阶，关键在党，关键在党要管党、从严治党。必须坚定贯彻党中央全面从严治党方针，坚持思想建党、组织建党、制度治党相结合，以改革创新精神全面加强党的建设，进一步巩固发展良好政治生态，为治蜀兴川事业发展提供坚强保证。

坚定政治方向，切实树牢“四个意识”。讲政治是马克思主义政党的根本要求，必须旗帜鲜明讲政治，把坚决维护以习近平同志为核心的党中央作为最大的政治，作为最重要的政治纪律和政治规矩，真正把“四个意识”转变为思想自觉、党性观念、纪律要求和实际行动，自觉在思想上、政治上、行动上同以习近平同志为核心的党中央保持高度一致，坚决维护党中央权威和集中统一领导。

---

① 二为方向：文艺为人民服务、为社会主义服务。双百方针：“百花齐放、百家争鸣”。具体地说就是：在文艺创作上，允许不同风格、不同流派、不同题材、不同手法的作品同时存在，自由发展；在学术理论上，提倡不同学派、不同观点互相争鸣，自由讨论。

② 法律“七进”活动，指法律进机关、进乡村、进社区、进学校、进企业、进单位、进家庭的活动。

着力凝神聚魂，坚守共产党人精神家园。对马克思主义的信仰，对社会主义和共产主义的信念，是共产党人的精神支柱和政治灵魂。要全面深化领导班子思想政治建设，推进“两学一做”学习教育常态化制度化，引导党员干部不忘初心、不忘根本，补足精神之“钙”、筑牢思想之“魂”。加强政治文化建设，大力弘扬党的政治理想、政治伦理、政治价值，推动形成清清爽爽的同志关系、规规矩矩的上下级关系、“亲”“清”干净的政商关系，决不让封建糟粕侵蚀党内政治生活，决不让商品交换原则污染政治生态。

始终遵规守矩，严肃党内政治生活。坚持除弊革新，推动党风政风根本好转。注重选贤任能，打造忠诚干净担当的执政骨干队伍。着眼固本强基，坚持重心下移，夯实基层基础。强化标本兼治，深入推进反腐倡廉建设。

报告最后向各级党组织、广大共产党员和各族人民群众发出号召，要更加紧密地团结在以习近平同志为核心的党中央周围，高举中国特色社会主义伟大旗帜，不忘初心、继续前进，推动治蜀兴川再上新台阶，在全面建成小康社会决胜阶段再立新功，为谱写中国梦四川篇章而努力奋斗！

推荐阅读

1.《学习贯彻四川省第十一次党代会精神》，
http：//www.scjc.gov.cn/xxgcddh11/。
2.《四川省第十一次党代会报告全文》，
http：//www.360doc.com/content/17/0607/00/16954316_660641850.shtml。

视频链接

奋力推动治蜀兴川再上新台阶

参考文献

[1] 习近平. 习近平谈治国理政[M]. 北京：外文出版社，2014.

[2] 习近平. 习近平谈治国理政（第二卷）[M]. 北京：外文出版社，2017.

[3] 中共中央宣传部. 习近平总书记系列重要讲话读本：2016 年版[M]. 北京：学习出版社，人民出版社，2016.

[4] 习近平. 决胜全面建成小康社会　夺取新时代中国特色社会主义伟大胜利——在中国共产党第十九次全国代表大会上的报告[N]. 北京：人民出版社，2017.

[5] 中共中央宣传部. 习近平新时代中国特色社会主义思想三十讲[M]. 北京：学习出版社，2018.

[6] 时事报告杂志社. 时事报告大学生版（2017—2018 学年度下学期）[Z]. 北京：时事报告杂志社，2017.

[7] 习近平论强军兴军：基层官兵使用[M]. 北京：解放军出版社，2017.

[8] 人民出版社. 中国共产党第十八届中央委员会第四次全体会议文件汇编[M]. 北京：人民出版社，2014.

[9] 中共中央文献研究室. 习近平关于全面依法治国论述摘编[M]. 北京：中央文献出版社，2015.

[10] 中共中央纪律检查委员会，中共中央文献研究室. 习近平关于严明党的纪律和规矩论述摘编[M]. 北京：中央文献出版社，中国方正出版社，2016.

[11] 人民日报理论部. 深入学习贯彻习近平新时代中国特色社会主义思想[M]. 北京：人民日报出版社，2018.

[12] 中共中央文献研究室. 习近平关于社会主义经济建设论述摘编[M]. 北京：中央文献出版社，2017.

[13] 林毅夫，等. “一带一路”2.0：中国引领下的丝路新格局[M]. 杭州：浙江大学出版社，2018.

[14] 中国现代国际关系研究院. “一带一路”读本[M]. 北京：时事出版社，2018.

[15] 《十九大党章十讲》编写组. 十九大党章十讲：图解版[M]. 北京：人民出版社，2017.

[16] 习近平. 习近平在纪念马克思诞辰 200 周年大会上的讲话[N]. 人民日报，2018-05-05.

[17] 习近平. 习近平在中国科学院第十九次院士大会、中国工程院第十四次院士大会上的讲话[EB/OL]. [2018-05-28]. http：//jhsjk.people.cn/article/30019215.

[18] 习近平. 习近平在北京大学师生座谈会上的讲话[EB/OL]. [2018-05-02]. http：//jhsjk.people.cn/article/29961631.

[19] 习近平. 习近平在博鳌亚洲论坛 2018 年年会开幕式上的主旨演讲[EB/OL]. [2018-04-10]. http：//jhsjk.people.cn/article/29917187.

[20] 习近平. 习近平在第十三届全国人民代表大会第一次会议上的讲话[EB/OL]. [2018-03-20]. http：//jhsjk.people.cn/article/29879544.

[21] 习近平. 习近平在纪念周恩来同志诞辰 120 周年座谈会上的讲话[EB/OL]. [2018-03-01]. http：//jhsjk.people.cn/article/29842884.

[22] 王一彪. 以党的十九大精神为指导 深入推进全面从严治党[J]. 思想政治工作研究，2018（1）.

[23] 习近平. 全面贯彻落实党的十九大精神 以永远在路上的执着把从严治党引向深入[N]. 人民日报，2018-01-12.

[24] 李国良. 增进文化认同 坚定文化自信[N]. 学习时报，2016-10-27.

[25] 仲呈祥. 中国优秀传统文化是中华民族最深厚的文化软实力[J]. 前线，2018（1）.

[26] 林晓希. 继承和创新优秀传统文化 构筑当代中国精神[N]. 南方日报，2018-02-05.